中華古籍保護計劃

成　果

《書目題跋叢書》工作委員會

主　任：熊遠明

委　員：吴　格　張志清　陳紅彦　俞國林　蘇品紅　李國慶

劉　冰　劉　薔　羅　琳

《書目題跋叢書》編輯委員會

主　編：吴　格　張志清

副 主 編：陳紅彦　俞國林　蘇品紅

常務編委：鄭小悠　劉　明

編　委：陳先行　杜澤遜　眭　駿　孫　彦

書目題跋叢書

咫進齋善本書目

（外三種）

〔清〕姚覲元 撰

林振岳 整理

吴　格 審定

中華書局

圖書在版編目(CIP)數據

咫進齋善本書目:外三種/(清)姚覲元撰;林振岳整理. —北京:中華書局,2024.6
(書目題跋叢書)
ISBN 978-7-101-12621-1

Ⅰ.咫… Ⅱ.①姚…②林… Ⅲ.善本-圖書目録-中國-清代 Ⅳ.Z838

中國版本圖書館 CIP 數據核字(2017)第 136582 號

本書出版得到國家古籍整理出版專項經費資助
全國高等院校古籍整理研究工作委員會直接資助項目
“《咫進齋善本書目》整理研究”(2156)成果

責任編輯:劉 明
封面設計:劉 麗
責任印製:管 斌

書目題跋叢書
咫進齋善本書目(外三種)
〔清〕姚覲元 撰
林振岳 整理
吴 格 審定
*
中華書局出版發行
(北京市豐臺區太平橋西里 38 號 100073)
http://www.zhbc.com.cn
E-mail:zhbc@zhbc.com.cn
河北新華第一印刷有限責任公司印刷
*
850×1168 毫米 1/32 · 9 印張 · 2 插頁 · 220 千字
2024 年 6 月第 1 版 2024 年 6 月第 1 次印刷
印數:1-800 册 定價:58.00 元

ISBN 978-7-101-12621-1

《書目題跋叢書》編纂説明

中華民族夙有重視藏書及編製書目的優良傳統，並以「辨章學術，考鏡源流」作爲目録編製的宗旨。

漢唐以來，公私藏書未嘗中斷，目録體制隨之發展，門類齊全，蔚爲大觀。延及清代，至於晚近，書目題跋之編撰益爲流行，著作稱盛。歷代藏家多爲飽學之士，竭力搜采之外，躬親傳鈔、校勘、編目、題跋諸事，遂使圖書與目録，如驂之靳，相輔而行。時過景遷，典籍或有逸散，完璧難求，而書目題跋既存，不僅令專門學者得徵文考獻之助，亦使後學獲初窺問學門徑之便。由是觀之，書目建設對於中華古籍繼絶存亡、保存維護，厥功至偉。

上世紀五十年代，古典文學出版社、中華書局等曾出版歷代書目題跋數十種，因當年印數較少，日久年深，漸難滿足學界需索。本世紀初，目録學著作整理研究之風復興，上海古籍出版社、中華書局分别編纂《中國歷代書目題跋叢書》及《書目題跋叢書》，已整理出版書目題跋類著作近百種。書目題跋的整理出版，不但對傳統學術研究裨益良多，與此同時，又在當前的古籍普查登記、保護研究等領域發揮了重要作用。

二〇一六年，經《中國歷代書目題跋叢書》第四輯主編、復旦大學吴格教授提議，由國家古籍保護中心聯合中華書局及復旦大學，全面梳理歷代目録學著作（尤其是未刊稿鈔本），整理目録學典籍，將其作爲調查中國古籍存藏狀況，優化古籍編目，提高整理人才素質的重要項目，納入中華古籍保護計劃框架。項目使用「書目題跋叢書」名稱，由國家古籍保護中心統籌管理，吴格、張志清兩位先生分司審訂，中華書局承擔出版。入選著作以國家圖書館所藏書目文獻爲基礎，徵及各地圖書館及私人藏本，邀請同道分任整理點校工作。出版采用繁體直排，力求宜用。

整理舛譌不當處，敬期讀者不吝指教，俾便遵改。

《書目題跋叢書》編委會

二〇一九年五月

總目

前言

姚覲元(一八二三—一八九〇),字彦侍,號咫進齋、大疊山房、晉石厂,浙江歸安人。清道光二十三年舉人,官至廣東布政使。祖文田,字秋農,官禮部尚書,謚文僖,《清史》有傳。父衡,字雪逸,曾居廣東巡撫怡良幕府,親歷林則徐禁煙諸事。子慰祖,字公蓼。父子繼承家學,好藏書鈔書,所輯刻《咫進齋叢書》《晉石厂叢書》,網羅古今秘笈,刊布清儒著述,有聲學林。光緒八年,姚覲元罷粵藩,次年僑寓吴中。十六、七年間,父子相繼謝世。三十四年,咫進齋藏書由覲元孫繩武(字桐生,江蘇候補知府)主持,售予初建之京師圖書館,成爲當今中國國家圖書館古籍藏書來源之一。

姚氏咫進齋藏書,民國以來流傳有《咫進齋善本書目》鈔本,舊署「歸安姚覲元」撰,現存有中國國家圖書館(二部)、上海圖書館(沈韻齋感峰樓鈔本)、北京大學圖書館、中國科學院圖書館、南京圖書館、湖北圖書館、京都大學人文科學研究所藏鈔本、周大烈七録居鈔本等。有關此目編者,梁子涵《中國歷代書目總録》云:「此目聞爲吴興沈毅所僞撰。」沈毅即感峰樓鈔本之沈韻齋，該目係沈氏輯録而成。整理者過去認爲繆荃孫《清學部圖書館善本書目》係利用《文華殿檢書分檔》《鐵琴銅劍樓藏書目録》《郘進齋善本書目》合編而成，其中對《郘進齋善本書目》的説法應誤。北京大學圖書館藏有一部稿本《清學部圖書館善本書目》，可證繆氏編纂著録姚氏藏書之情狀。此部藏本整理者久已關注，曾往調閲，因該稿黏簽較多，館方不允出庫，需掃描後提供光盤閲覽。申請後數年間又遇新冠疫情，未能償願。北大趙兵兵博士查閲該件，近撰有《京師圖書館善本書目與〈郘進齋善本書目〉關係考》一文，考證沈毅此目乃據《京師圖書館善本書目》輯出，糾正了整理者過去認識的不足，深爲感謝。

本次整理，以《中國著名藏書家書目匯刊》影印國圖藏鈔本(有「商務印書館編審部藏書」朱文方印者)爲底本，此本著録藏印等較沈氏感峰樓鈔本簡略，在民國間較爲通行，較感峰樓本多出《説文解字》十五卷(汲古閣刻本)、《楚辭集注》殘本一册(明刻本)兩條。而感峰樓鈔本另多出《晉書載記》殘本十一卷(明刻本)、《竹書紀年》二卷(舊鈔本)、《長江集》十卷(毛刻校本)三條(其中《長江集》、《晉書載記》見藏京師圖書館)，整理本將之補入，並加〔　〕號標示。又通行本所收條目偶有疏誤，《文苑英華》條，國圖鈔本著録爲「宋刻本」，且記有晉府藏印，則是京師圖書館所藏内閣大庫藏書之一，非姚氏藏書，感峰樓鈔本著録作「文苑英華一千卷（明刻本），宋李昉等奉敕編」。《咫進齋善本書目》輯録善本三百三十部，有十餘部不見於《京師圖書館善本書目》之中，其中如元本《草堂雅集》、鈔本《楊太后宫詞册》、宋刻小字本《通鑑紀事本末》等，在售歸京師圖書館時爲端方所抽出。

清末姚氏藏書售歸京師圖書館，成爲該館早期善本之重要來源。今據夏曾佑《京師圖書館善本簡明書目》，重輯京館善本中咫進齋藏書爲《京師圖書館藏歸安姚氏舊藏善本書目》。又京師圖書館時期之善本書目，曾經歷任主事繆荃孫、王懋鎔、江瀚、夏曾佑、張宗祥、史錫永等賡續修訂。至一九三三年趙萬里編訂《北平圖書館善本書目》，因藏書結構變化，始將原收入善本之歸安姚氏書汰去近半，或另存重複書庫，或提入善本乙庫（清人著述），或提歸普通書庫。北平圖書館一九三四年所編《本館善本書目新舊二目異同表》，羅列趙目與夏目之差異，内含大量咫進齋藏書流動信息，今一一摘録，附注於相關條目下。繆荃孫、夏曾佑等舊目著録失誤者，經張宗祥、趙萬里訂正，日漸完善，其修改之處，亦於《京師圖書館藏歸安姚氏舊藏善本書目》中加案語説明。

《書林清話》談及「近時精鈔本」，曾列有歸安姚氏咫進齋鈔本，並云：「歸安姚覲元咫進齋鈔本，十三行緑格，板心有『咫進齋』三字。」姚氏咫進齋鈔本，稿紙書口下方有「咫進齋鈔本／歸安姚氏藏」兩行。今檢《中國古籍善本書目》等藏目，得分藏上海、北京、浙江、南京、廣州等地圖書館者近三十種，合輯爲《咫進齋鈔本知見目録》，附載於後。

中國國家圖書館藏鈔本《深雪偶談》，書末附有《丙戌冬咫進齋購蔡氏書目》，著録書目五十九條，乃清光緒十二年（一八八六）姚氏所購金匱蔡氏醉經軒藏書，爲蔡廷相、蔡廷楨昆仲舊藏。今據鈔本整理附録，以便讀者了解姚氏聚書始末。

原書誤字，以（　）括出，改正字以〔　〕標列於後，不一一出注。

此目整理始於二〇一六年初，其時始留意京師圖書館善本舊藏來源，於内閣大庫、歸安姚氏、南陵徐氏、海虞瞿氏數宗藏書多所關注。九月因有日本之行，出國前將點校稿交出版社。其後因事遷延，未克付印。二〇二一年有幸得到古委會立項資助，乃將舊稿重理。近聞趙兵兵博士已有更精校注之本，則本編亦可覆瓿矣。書中疏誤之處，尚祈讀者不吝賜正。

思進齋善本書目

目録

郘進齋善本書目卷一

經部

郘進齋善本書目卷二

史部

咫進齋善本書目卷三

子部

咫進齋善本書目卷四

集部

咫進齋善本書目卷一

歸安　姚覲元

經部

易類

周易兼義九卷略例一卷釋文一卷　宋刻本

魏王弼、晉韓康伯注。《略例》唐邢璹注。半葉八行，行十八字，小二十五字。

周易兼義殘本三卷　宋刻本

與前書行格同。存卷七至卷九。有「澹園之印」、「醉茗齋書畫印」二朱記。

大易（輯）〔緝〕説十卷　舊鈔本

元王申（之）〔子〕撰。有「秀水朱氏潛采堂圖書」朱記。

周易本義集成十二卷　元至治刻本

元南昌熊良輔編，泉峰龔焕校正。「集疏」二字陰文加方圍。半葉十行，行十八字，小二十四字，小黑口。有至治二年陳櫟序。

周易參義殘本八卷　元刻本

元梁寅撰。半葉十二行，行二十一字。黑口，單闌。原書十二卷，今存卷三之十。

易守二十卷　舊鈔本

清葉佩蓀撰。

書類

尚書要義十七卷　舊鈔本

宋魏了翁撰。

詩類

呂氏家塾讀〔書〕〔詩〕記殘本七卷 明嘉靖刻本

宋呂祖謙撰。原書三十二卷，今存卷一至六，卷十七。半葉十四行，行十九字。有「孫氏星衍」、「東魯觀察使」二朱記。

毛詩要義二十卷 景宋鈔本

宋魏了翁撰。半葉九行，行十八字。注中有注，皆單行旁書。臨錢天樹、莫友芝跋。

毛詩故訓傳三十卷 校本

清段玉裁撰。顧鳳藻臨黄蕘圃校。

此《毛詩故訓傳》三十卷，金壇段茂堂大令一家專經之學也。《漢志》《毛詩》經傳各自爲書，今既失傳，段先生釐而傳之，俾箋不與傳並載，學者始識傳本獨行，唯毛氏爲能解《詩》，得其故訓，故《詩》必繫以毛也。後人口稱《毛詩》，動以朱子《詩傳》當之，失其義矣。既究心古本，從事注疏，傳箋並舉，罔知率從。段乃别而白之，以定一尊。蓋讀傳而後讀箋，讀傳、箋而後讀正義，且由是以讀釋文。若者與毛同，若者與毛異，若者當從毛，若者當違毛，昭然在目。段故不憚爲之，專於毛也。原稿四册，潘理齋農部從茂堂先生〔生〕時借鈔，迨殁而後人始爲付梓。先生所説，多附於傳句下，鈔、刻互有出入。或鈔後手自删改，或後人有意去取。余故借鈔校刻，悉悉照改，有顯見鈔誤者，不復遵之。學者讀此，可得故訓大旨，其功顧不韙歟？道光三年癸未立秋日校畢記，蕘夫。

以原稿鈔出本校。第四册。

江録本覆勘，三十日午後畢。

江録本末有鐵君篆字一行，云「嘉慶甲戌二月江沅書於三山節署」，蓋其時就館浙閩督署時也。想茂堂先生書尚未有成，而鐵君愛之甚，故手爲之録副本。迨後有定本，而理齋之所鈔者是也。迨後刻已非及身，後人但據札記及定本付梓，故時有出入。而余必未定之江録本手校者，鐵君云茂堂先生垂老，精神已衰，往往有取未定本入刻而反遺定本者，《尚書撰異》中某卷是也。且鐵君深於經學，《説文》尤所家傳。即如「令人善(忌)〔忘〕」句爲是，而增「憂」字爲非，此時刻本居然未定者爲「令人善(忌)〔忘〕」，而定者爲「令人善(忌)〔忘〕憂」，是未可不參考。余故悉校出，以俟讀者參考焉。秋清逸士校畢記。

道光三年癸未秋九月七日，同郡黄蕘圃先生以手校本見示，即臨此。長洲顧鳳藻。

韓詩外傳十卷

漢韓嬰撰。(本)〔半〕葉九行，行十八字。有「吴郡沈辨之野竹齋校雕」篆文木記。收藏有「吴竹屏藏書記」朱記。

禮類

周禮六卷附考工記　明嘉靖刻本

漢鄭氏注。嘉靖丁亥陳鳳梧序。道光甲申馬(鐘)〔銓〕以明本《釋文》校訖，咸豐八年蔡孫峰臨校。

道光四年甲申十一月二十三日,以唐陸德明《經典釋文》讎校畢。其末二行云「經四千八百四十三字,注一萬二千三百八十一字」。予於是日作書與野橋,並識。雲屏馬銓。

咸豐八年戊午十二月中旬,邸書賈以馬雲屏校本來售,亦是此本。予即借臨一過,其墨筆、硃筆,俱皆一如其舊。間有明知爲誤,不敢改易,示謹也。其圈點字句及勾摘處,本爲此本所有,非馬校本之舊。又有字爲此本所改而馬校本未改者,則加圈於此字之旁,下即云「某字舊校本未改」,惟恐亂舊校之式耳。十二月十八日燈下,醉經軒主人蔡孫峰臨校畢識。

周禮十二卷　明繙宋岳氏刻本

漢鄭氏注。

周禮正義殘本四十卷

漢鄭氏注,唐賈公彦疏,陸德文釋文。原書四十二卷,今存卷一至四十。

儀禮注疏殘本十卷　明李元陽刻本

漢鄭氏注，唐賈公彦疏。原書十七卷，今存卷三至六，卷八至十三。

禮記注疏六十三卷　校本

漢鄭氏注，唐孔穎達疏，陸德明釋文。汲古閣刻。臨惠棟校。

雲莊禮記集説殘本十卷　明刻本

元陳澔撰。原書三十卷，今存卷二，卷四至十，卷十二，卷十八。

春秋類

左傳一百九十八葉　宋刻巾箱本

半葉二十行，行二十七字。小黑口。單闌。上有《音釋》。

春秋經傳集解三十卷　明繙宋本

晉杜氏注。（本）〔半〕葉十行，行十七字，小二十七字。黑口。雙闌。行欵與淳熙閩中阮仲猷種德堂刻本相合。

音注全文春秋括例始末左傳句讀直解七十卷　元刻本

宋林堯叟撰。半葉十四行，行二十五字。小黑口。有「棲雲樓」朱記。

精選東萊先生博議句解殘本八卷　元刻本

宋吕祖謙撰。原書二十五卷，今存卷一至八。半葉十行，行二十一字。

左傳詁二十卷　舊鈔本

清洪亮吉撰。

春秋公羊傳讞六卷　舊鈔本

宋葉夢得撰。

春秋穀梁注疏二十卷　宋刻宋印本

唐范寧集解，楊士勛疏。半葉十行，行十七字。無補葉。

春秋集傳辨疑十卷附微旨三卷　舊鈔本

唐陸淳撰。

春秋胡傳殘本十八卷　宋刻巾箱本

宋胡安國撰。半葉八行，行十七字。白口。原書三十卷，今存卷一至四，卷十一，卷十二，卷十四至十七，卷二十一，卷二十二，卷二十五，卷二十六至三十。

春秋集注殘本五卷　宋刻本

宋張洽撰。原書十一卷，今存卷七至十一。

春秋通説不分卷　舊鈔本

宋黄仲炎撰。

春秋四傳三十八卷　明刻本

不著撰人名氏。趙敬夫先生手批。

總經類

莆陽二鄭先生六經雅言圖辨八卷 舊鈔本

元甲科府教許一鶚家藏，甲科府教方澄孫校正。上有朱筆校語。

六經三注粹鈔殘本四種 明刻本

明許順義撰。存《書》、《春秋》、《禮記》、《周禮》。

六藝堂詩禮殘本十一卷 舊鈔本

清丁晏撰。存《禮記釋注》四卷，《周禮釋注》二卷，《儀禮釋注》二卷，《詩考補注》三卷。

四書類

孟子註疏十四卷 明李元陽刻本

漢趙氏註，宋邢昺疏。

孟子集注十四卷　明經廠本

宋朱熹集註。

樂類

樂書正誤一卷　影宋朱墨本

宋林子冲撰。

小學類

爾雅注疏十一卷　宋刻本

晉郭璞注，宋邢昺疏。半葉九行，行二十字。黑口。

宋槧本《爾雅注疏》，昨歲得之窑廠書肆中，審知爲吴興姚氏藏書，足珍也。彦侍中翰新産石麐，謹持此申賀。珠還合浦，知文信世澤，當流衍於靡窮耳。時咸豐八年新正二十四日，陽湖楊傳第聽臚識。

爾雅新義二十卷　舊鈔本

宋陸佃撰。

是書於嘉慶乙丑年在嘉興鴛湖書院從書估韋友借鈔，謂係丁學全藏本，丁每手鈔成本售人。記前三年有某書賈來，稱有是書求售，謂係陸元朗撰，頗疑此言。今獲此，殆即前估所言元朗者，陸氏誤之也。考農師《埤雅》，凡釋魚、釋獸、釋鳥、釋蟲、釋馬、釋木、釋草、釋天八門，皆因名物以求訓詁，大旨本王安石《字説》。此書正同，俱未免穿鑿。然究其精核者，不可枚舉。余於六月之八日，將常州臧氏拜經堂繙宋本及家藏永懷堂本《注疏》本，手自校核，與宋本合者居多。内如《釋親》篇「宗族」等各小題俱在每章之後，卷末小題有「六畜」二字，俱與古本合而與今本異者。又其讀每與人異，如「樸枹者」謂「四字爲句」，則錢宮詹《答問》已主此説。又《釋詁》「台、朕、賚、畀、卜、陽，予也」，注：「予，一名而兩讀。台、朕、陽，予也。賚、畀、卜，予也。」近儒錢宮詹、王石臞先生甚發此義，豈知此書先已言之。則余序所稱爲足寶貴，比於十五連城，良不誣矣。嘉定陳詩庭跋。

埤雅二十卷　明刻本

宋陸佃撰。

爾雅補注四卷　鈔本

清周春撰。前有齊召南、王鳴盛序，過録盧抱經校，末有「乾隆丁未十二月盧抱經閲」一行。

說文解字十五卷　汲古閣刻本

漢許慎撰。有紅筆校語。

說文解字十五卷　藤花榭刻本

漢許慎撰，唐翰題校。

說文解字繫傳十二卷　影宋鈔本

南唐徐鍇撰。原書四十卷，今存卷三十至四十，前有序目一卷。即祁氏刻木所由出。有「宋印葆淳」朱記。

說文解字義證五十卷 舊鈔本

清桂馥撰。義證均作大字，並有朱筆校語。

說文解字注十五卷 校本

清桂馥注。未谷先生自校粘籤於上。

桂未谷先生名馥，一時名下，博極群書，而雅嗜金石。夫討論金石者，率以銘刻爲證據。銘刻則自唐虞迄漢，無所謂行楷也。凡雲龍、龜穗、蝌蚪、岣嶁，靡非篆隸，炳炳麟麟，古香古色。於是漢太尉祭酒許公裒輯歷古篆法，彙爲一編，名曰《說文》。則凡古篆、籀篆、大篆以及習俗相沿因革損益各體，燦然大備，可謂簡而賅、詳而盡矣。桂未谷先生之得是書也，復將字之有關經典者，條分縷晰，粘列於上，共計籤出四百一十九條，援引確鑿，觸類旁通，莫不根據六經，發明注釋。而其書法之蒼健秀媚，尤可寶也。既經手注，凡字之有銓解者，一展册無不令人豁然於心目間，則先生考核之功，爲何如之精深高博哉。夫人往風微，正殷欽企，而吉光片羽，足寄遐思矣。時道光著雍涒灘之歲壯月中秋前五日余得之，爲忻慰者累日，遂什襲而藏諸賜書樓。古郗孟廣均跋。

雨山仁棣同年閣下：數年未通音問，渴想綦深，彼此當有同情。比維侍奉康娱、興居佳善爲頌。瀚一病數年，幾至不測。越己酉夏，始漸就平復，而家父又病。去年家父病亦愈，年逾八十，老境益深。故酉夏以前，瀚雖抱病，猶負米江淮。酉夏以來，則足不敢踰閭里矣。前爲友人校刻桂注《説文》，數興數廢，連年家居，始得移梓工於贛榆縣之青口鎮辦理，今冬幸可蔵事。而所歷艱辛，不可言喻。資用不敷，支絀萬狀，尤爲難堪。瀚爲此負累千金，將來不知作何結果也。前在袁江，大帥有刻書之約，自顧家實難離，如何如何。今春大帥寄到閔黎明經詩册，嫌其體未安，囑釐正就便付梓。因係吾棣所託，斗膽動筆校正，代作小序，寫出清本，送呈河署，大帥不以爲繆，囑即發刻。六月間已刻竣，今月底當送板去。現在青口，去舍下百餘里，故未及索印樣奉覽。俟見印本，如有紕繆，皆瀚之罪，吾棣隨意更正可也。又吾棣前欲泲志所載準提鏡，彼時不在行篋，未得寄奉。今特奉呈二枚偕來。有準提象者，嘗訪之金石僧六舟，云此放焰口所用，乃近造，非唐器也。不知果否。吾棣或選其一，或兼收並蓄，無不可耳。又吾棣前借刻書項，尚有尾欠未清。瀚此刻因刻書受累，十分急需，倘可擲付來手，甚幸甚幸。去年就工爲家父刻《經説》,二本奉正,又二本祈轉小鶴兄、東泉兄,亦不知二兄近狀云何也。荆石年伯《漢碑録文目》,丁未年已刻訖,爲校者校壞,不能刷印,又不得工匠挖改。今冬《説文》告竣,當即改正抽换印行,然終恐不甚如意也。託非其人,咎何可辭。姑有此刻,較勝於無耳。别久話長,不能自已。肅此,奉請大安,諸希心鑒不備。愚兄許瀚頓首。中秋次日。

印林仁兄同年大人閣下:閏月朔日,又上第三函,不日自當入鑒。比維上侍曼福、潭第吉祥爲頌。前書云桂注《説文》,(葉)〔業〕經刻竣,俟全妥時,切望岀差送下一部。兹因前年弟得《説文解字》一部,浮葉有「天(春)〔眷〕齋藏書印」字樣圖章,有未谷先生硃墨筆竹紙條四百一十九條,但俱無名氏。曾作小跋附後,外鈔呈一分,尊刻弟亟需一對爲幸。閔黎詩册原非定本,而先君友道,略可見矣。今得椽筆訂正,足傳後世,殁存(感)〔感〕之至。肅頌崇安。速賜佳音,不勝待□。中秋四日。

説文解字鏡十二卷　校本

清顧瞻輯注。以明刻《五音韻》補刻本手注於上,改題此名。

歷代鐘鼎彝器款識法帖二十卷 明朱氏刻本

宋薛尚功撰。

增修復古編二卷 舊鈔本

宋張有撰，吴均增補。有「錫山龍亭華氏珍藏」、「世濟美堂項氏圖籍」、「汲古閣」、「吴兔（林）〔牀〕書籍〔印〕」。朱筆跋語皆錢緑窗筆。

吴均增補《復古編》二卷，余得汲古閣書鈔本。卷首無序，從安邑葛氏新刊補録，此序不知世尚有全篇否。乾隆丙午秋仲吴騫志。

龍龕手鑑四卷 影宋鈔本

遼僧行均撰。半葉十行，行大小不一。白口。板心上記大小字數。前有統和十五年（矩法）〔法矩〕法序。

續復古編四卷 傳鈔本

元曹本撰。

六書正譌五卷　元刻本

元周伯琦撰。半葉五行，行大小二十字。前有至正十五年宇文公諒序。收藏有「寒青閣圖書印」、「白鶴山樵」二朱記。

金石韻府五卷　明嘉靖硃印（光）〔本〕

明朱雲撰。

摭古遺文二卷　明萬曆刻本

明李登撰。前有萬曆甲午自序。

新刊韻略五卷　影鈔元本

金王文郁撰。半葉十三行，行大字十六，小字二十二。前有正大六年許古序，附《聖朝頒降貢舉三試程序》二頁，《壬子新增分毫點畫正誤字》三葉，《壬子新雕禮部分毫字樣》二葉。

古今韻會舉要三十卷　元刻明修本

元熊忠撰。

古今韻會舉要三十卷　精鈔本

元熊忠撰。

毛詩古音考四卷　明鈔本

明陳第撰。

咫進齋善本書目卷二

歸安　姚覲元

史部

正史類

史記一百三十卷　明嘉靖刻本

宋裴駰集解，唐司馬貞索隱，張守節正義。前有嘉靖十三年秦藩鑒抑道人序，以《千文》爲次，自「天」至「往」，凡二十册。每卷有「史若干字，注若干字」兩行。

漢書一百二十卷　明刻本

漢班固撰。

新斠注漢書地理志十六卷　原刻本

清錢坫撰。徐星伯朱墨筆校補於上。會稽章壽康氏刻於蜀，名之曰《新斠注地理志集釋》，此其原稿也。

〔晉書載記殘本十一卷　明刻本〕

〔唐太宗御撰〕

魏書一百十四卷　宋蜀大字本

北齊魏收撰。半頁九行，行十八字。黑線口。單闌。板心上有字數，下有刻工姓名。

隋書八十五卷　元刻明補本

唐魏徵撰。半葉十行，行二十二字。黑綫口。單闌。板心上有字數，下有刻工姓名，間有「堯學」二字，有「正德十年司禮（間）〔監〕重刻」字。

北史一百卷　元大德刻本

唐李延壽撰。半葉十行，行二十二字。黑綫口。單闌。下有刻工姓名。卷末有「方洽」、「周益」、「周己千」、「孫粹然校正」，一行。

唐書二百二十五卷 宋刻明補本

宋劉煦撰。半葉十行，行十九字。白口。單闌。上有大小字數，下有刻工姓名。前有曾公亮進書表，後有「《唐書》凡二百二十六篇，總二百五十卷。二十一帝本紀一十篇〔二十卷〕，十三（之）〔志〕五十篇五十六卷，三表十五篇二十二卷，列傳一百五十篇一百六十卷，録一卷。嘉祐五年六月二十四日進呈。」後有劉羲叟等銜名，兩葉。

唐書二百二十五卷 元大德刻本

半葉十行，行二十二字。《釋音》二十五卷，有大德九年雲謙跋。

唐書二百二十五卷 元刻明補本

黑口本。有補板。

五代史記七十五卷 元大德刻本

宋歐陽修撰。半葉十行，行二十二字。白口。單闌。上有字數。寔大德乙巳、丙午九路所刻，無序跋，不知何路分刻耳。

五代史記七十五卷　明嘉靖刻本

明汪文盛、高瀔、傅汝舟校。半葉十二行，行二十二字。

遼史拾遺二十四卷拾遺續一卷　舊鈔本

清厲鶚撰。

編年類

〔竹書紀年二卷　舊鈔本〕

〔梁沈約注。有朱墨評點。有「凌鉉之印」。〕

元經十卷　藍格舊鈔本

隋王通撰。

資治通鑑殘本十五卷　宋刻本

宋翰林學士朝散大夫右諫議大夫知制誥兼侍講同提舉萬壽觀公事兼判集賢院上護軍河内郡開國侯食邑一千三百户賜紫金魚袋臣司馬光奉敕編集。原書二百九十四卷，今存卷二十二至三十六，凡十五卷。半葉十一行，行二十一字。白口。單闌。有「汪印士鐘」、「閬原（珍）〔真〕賞」二朱記。

通鑑外紀十卷　舊鈔本

宋劉恕撰。

資治通鑑綱目五十九卷　宋刻本

宋朱子撰。半葉八行，行十七字。白口。雙闌。板心上注年分干支，陰陽文不一。前序並卷一鈔配，并缺卷三十二、四十兩卷。有「菉竹堂藏書」朱記。

資治通鑑綱目殘本三卷　明刻本

存卷十三、卷十五、十六。

大事記十二卷解題十二卷　明刻黑口本

宋吕祖謙撰。《大事記》缺卷一，《解題》十二卷全。原書後有《通釋》三卷，此本亦佚。《解題》末有「司校正鄉貢免解進士充府學直學鄭應奇，司校正鄉貢免解進士充府學直學李安詩，司校正國學内舍免解進士充府學録郁雲，司校正迪功郎新婺州武義縣主簿充府學正周浩然」四行，又嘉定壬申吴學識。

皇朝編年備要三十卷　張沖之影鈔本

宋陳均撰。半葉八行，行十六字。

《宋史·理宗紀》端平二年三月乙未詔太學生陳均編《長編綱目》，補迪功郎，即此書也。此書成於紹定二年己丑，本名《編年備要》。至端平乙未經進，乃改名《長編綱目》。而直齋陳氏著録仍其舊名，蓋未進御之前先已刊木，伯玉所見，與今本當不異。據真、陳、林三序，似平甫别有《舉要》一書，今刊本「編年」之下空二格，豈所缺者即「舉要」兩字與？辛亥四月，借張文學沖之手鈔本（識）〔讀〕竟，因識於簡末。嘉定錢大昕。

通鑑續編二十四卷 元刻本

元陳桱撰。半葉十行，行二十二字。黑綫口。單闌。下有刊工姓名。前有周伯琦序、姜(□)〔漸〕序、陳桱自序，至正二十二年歲次壬寅叢桂堂識。

紀事本末類

通鑑紀事本末四十二卷 宋刻元印本

宋袁樞編。半頁十一行，行十九字。板心上有字數，下有刻工姓名。白口。單闌。

通鑑紀事本末殘本一卷 宋刻小字本

存第二卷。半葉十三行，行二十四字。白口。板心上有字數，下有刻工姓名。汪閬源藏。

別史類

隆平集二十卷

宋曾鞏撰。紹興十二年趙伯(衡)〔衛〕序，有「董氏萬卷堂本」篆文木印。存卷一至六，卷十三至二十。有「怡府世寶」朱記。

古史六十卷　宋刻鈔補本

宋蘇轍撰。半葉十一行，行二十二字。白口。雙闌。板心上有字數，下有刻工姓名。列傳卷三十三至三十七鈔補。

古史殘本二十六卷　宋刻本

與前書行款同。存世家卷十五、十六，列傳卷一至十七，卷二十七至三十。

通志二百卷　元至治刻本

宋鄭樵撰。半葉九行，行二十一字，大小字同。白口。單闌。板心上有大小字數，下有刻工姓名。

通志殘本一百六十卷　明刻本

存卷一至九十八，卷一百至一百二十四，卷一百二十七至一百五十三。

契丹國志二十七卷 舊鈔本

宋葉隆禮撰。

孝宗實録殘本 緑格舊鈔本

存弘治二年六月止，以下缺。

雜史類

國語二十一卷 明刻校本

吴韋昭注。迻録〔顧〕廣圻校天聖明道本。

錢遵王印寫錢宗伯家藏宋刻本，與今本大異。今歸於葉林宗，借勘一過。戊戌夏五月六日，常熟陸貽典校畢識。

六月十二日燈下覆校畢，敕先。

戴剡源先生讀《國語》曰：「先儒奇太史公變編年爲雜體，有作古之材，以余觀之，殆放於《國語》而爲之也。」此真讀書好古之識。世無戴書，人但知蘇、歐通套評論之而已。洞庭葉石君識，時年六十有七，三月十一日識。

此書首借朱秋厓所臨惠松厓校閱本對勘，而參以傳録陸敕先校本，亦可自信爲善本矣。繼得影寫明道本，屬余友顧澗蘋正之。宋本之妙，前賢所校實多（門）〔闕〕遺，遂一一考訂如左。書中稱影宋本者，皆盡美盡善處也。而今而後，《國語》本當以此爲最，勿以尋常校本視之。乾隆乙卯八月，棘人黄丕烈識。

宋本《國語》，從來罕有，義門先生以不得購見爲恨事。此書晚出，可謂唐臨晉帖矣。末册有跋語，原委可證。蕘（國）〔圃〕。

乙卯夏日，用影宋本覆校一過，澗蘋〔顧〕廣圻記。

明道二年所刊《國語》，印本不可得見，此影寫者。時章獻明肅劉后臨政，諱其父名，「通」字每缺一筆，今所寫尚然，精審可知矣。傳校本外間多有，余亦屢見之，錯誤脱落，均所不免。近陳氏樹華曾著《外傳考正》，所據亦傳校本，故終不得其要領。如《周語》「欲城周」注「欲城周者，欲城成周也」，今本正文衍「成」字，并添注爲甚蕪累之語。《魯語》「魯〔夫〕人辭而復之」，今本「夫人」作「大夫」，若是則敬姜何以爲别於男女之禮乎。又「笑吾子之大也」，注謂「驕滿也」，蓋「大」即驕泰字，今本於正文加「滿」字，遂改注謂爲「滿」以就之。此類字往往未經改正。往者惠松厓先生假陸敕先所校於沈寶硯，寶硯秘不肯出。今蕘圃黄君乃以真本見借，所獲抑何奢歟。悉心讐勘，兩踰月始克歸之。自今而後，宋公序以下本皆可覆瓿矣。乾隆乙卯六月四日，澗蘋顧廣圻書。

國語二十一卷　明刻校本

迻録顧澗蘋臨段茂堂校本。

《國語》韋昭注，宋明道二年刻本，校癸丑五月從段懋堂先生借得傳録宋本，訛字反較此本爲多，悉仍其舊存之。異日尚當參稽他書，審定去取也。初九日鐙下校畢因記，顧廣圻。

懋堂先生校語，録上方爲別，又記。

凡筆乙去處，皆不用宋本。十一月圻重閱，又記。

乙卯六月，影宋本重勘，凡補段君校所遺又如干字，多記於上方。向謂宋本多訛，乃惑於宋公序《補（書）〔音〕》耳。二十一日記。

國語二十一卷附古文音釋

板心有「宜静書屋」四字，有許宗魯、王鎣跋。

南燼紀聞録二卷　舊鈔本

宋辛棄疾撰。

晉史乘一卷　舊鈔本

元吾邱衍撰。朱墨評點，有凌鉉朱記。

平宋録三卷　舊鈔本

元平慶安撰。有「雪苑宋氏蘭揮藏書記」朱記。

謨烈輯遺二十卷本紀一卷　明刻本

明魯府輯本。癸丑年九月十五日印，嘉靖壬寅魯臣（嘗）〔當〕泗序，後有東吴（遺）〔逸〕史識。有「明善堂覽書畫印〔記〕」、「安樂堂藏書記」兩朱記。

酌中志略不分卷　舊鈔本

明劉若愚撰。

酌中志餘不分卷　舊鈔本

不著撰人名氏。

劫灰録附録別集　舊鈔本

珠江寓舫記。按此書即馮甦滇黔筆記之別本，朱筆改「虞山蒙叟」，誤。

荒書一卷　舊鈔本

清費密撰。

傳記類

金陀粹編二十八卷續編三十卷　明繙宋本

宋岳珂編。

高士傳三卷附虞槃高士傳一卷　舊鈔本

魏嵇康撰。附清周世敬輯。

世所傳皇甫謐《高士傳》，明嘉靖間黄省曾刊本，傳後有頌，即其手筆。《高士傳》未見宋槧者，想久經佚失，當時省曾必從《太平御覽》中鈔出，故叔夜作亦錯雜其間，兼取《後漢書·逸民傳》補綴成篇，臆爲删增，遂使嵇與皇甫氏混而莫辨。余數年前別有輯本，雖非元晏原書，尚可略見廬山面目。嘗檢《藝文類聚·人部·隱逸門》，見有魏隸《高士傳》數則，徧尋史志，並無其書。及（譯）〔繹〕其文辭，核諸《御覽》所載，多同叔夜語，始悟「魏隸」、「嵇康」字形相似，因而致譌。輾轉翻刻，反疑「魏隸」別是一人，注書家往往引作故寔。昔人以校書爲難，由今思之，良非易事。是書《三國志注》所記一百十九人，兹據見聞所及，不得其半，即《史通》所引董仲舒、楊子雲、《莊子》、《楚辭》二漁父事，亦皆《高士傳》中語也。至劉宋周續之注，今無片言隻字流傳，若非附入《隋志》，竟有名氏翳如之歎。卷分上中下者，存隋、唐二志之舊也。嘉慶戊寅冬十一月既望，長洲周世敬子肅氏識。

新纂門目十朝名臣言行録四十卷 宋刻本

半葉十四行，行二十三字。黑口。各家未見著録，天壤間秘笈也。有「怡親王寶」朱記。

紹興十八年同年小録一卷 精鈔本

有「璜川吴氏收藏圖書」朱記。

元朝名臣事略十五卷 傳鈔本

元蘇天爵撰。

中州人物志十六卷 明隆慶刻本

明朱睦㮮撰。

史鈔類

東漢詳節三十卷 宋刻本

宋吕祖謙撰。半葉十四行，行二十二字。白口。眉上標事題。首行「眉山先生東漢叙録」，次行「唐庚子西纂」，卷尾又作「吕大著點校三劉互注東漢詳節」。卷六、七、八三卷配二十四字本，首行「諸儒校正東漢詳節」，與《十七史詳節》本同。有「揭印傒斯」朱記。

十七史詳節二百六十二卷　元刻殘本

半葉十三行，行二十三字。黑口。首行「東萊先生校正□書詳節卷幾」。存《史記》卷一至七，卷十五至二十。《西漢》卷一至二十五，卷二十八至三十。《東漢》三十卷全。《三國志》二十卷全。《晉書》三十卷全。《北史》三十八卷全。《隋書》二十卷全。《南史》存卷一，卷三至二十五。《唐書》存卷一至九，卷十一至六十。《五代史》十卷全。

歷代史鈔不分卷　舊鈔本

不著編者姓氏。

史鉞二十卷　明嘉靖刻本

明晏璧撰。有「明善堂（鑒）〔覽〕書畫印記」朱記。

輿地圖

三輔黄圖六卷 元刻本

不著撰人姓氏。半葉十一行，行二十一字。黑口。有「元本」、「張印月霄」、「愛日精廬」三朱記。

三輔黄圖 明刻黑口本

有弘治□□華(亭)〔容〕嚴永(清)〔濬〕序。

輿地總圖二册 明精鈔本

不著撰人名氏。圖表極工整。

新安志十卷 校宋本

宋羅願撰。乾隆刻本。據影宋本校。

咸淳臨安志一百卷　舊鈔本

宋潛説友撰。有「臣弘謀印」、「榕門」、「張（篆）〔彖〕字元健」、「師子林舊主人」、「汪士鐘讀書」諸朱記。

順天府志六卷　明萬曆刻本

明沈應文修。

宣府鎮志四十二卷　明嘉靖刻本

明孫世芳修。

（欣）〔欽〕定日下舊聞考一百二十卷　稿本

清高宗敕（選）〔撰〕。

水經注四十卷　明刻本

魏酈道元撰。明嚴氏刻鍾譚評本。另有朱筆標何義門校。

洪景伯《隸釋》，集善長所載漢魏諸碑爲一卷，書其後云：「時無善本，雌黄不可妄下。」當日猶云爾，况今日乎。鬱儀中尉於此書不可謂無功，惜如《隸釋》及《通鑑注》之類，不加旁求博證耳。康熙戊戌八月，何焯記。

水經注釋四十卷 舊鈔本

清趙一清撰。有「拜經樓吴氏藏書」、「愚谷」二朱記。

武林舊事六卷 明刻本

宋周密撰。有正德戊寅浙江監察御史宋廷佐跋、杭州府留志淑跋。

西事珥八卷 舊鈔本

明魏濬撰。有「舊史徐釚」、「菊莊徐氏藏書」二朱記。

職官類

唐六典三十卷 明刻本

唐玄宗御撰，李林甫註。

政書類

五代會要三十卷　舊鈔本

宋王溥撰,華瀦重訂。乾隆甲寅瀦跋。

文獻通考詳節　舊鈔本

不著撰人名氏。

太常因革禮一百卷　舊鈔本

宋蘇洵撰。後有乾道李(璧)〔壁〕跋。原缺卷五十一至六十七。

紀年鴻(文)〔史〕殘本十卷　明鈔本

不著撰人名氏。原書十二卷,今存卷一至六,卷九至十二。有「禦兒留良」朱記。

故唐律疏義三十卷　舊鈔本

唐長孫無忌等撰。有「嚴長明校藏印」、「師竹齋藏」二朱記。

乾隆丁卯，借陸耳山學士〔本〕爲魚門同年鈔副。凡字廿六萬四千五百八十，寫工錢五千二百九十一。時八月之望，曲阜孔繼涵題記。

目録類

秘書省續〔編〕到四庫闕書二卷 師〔竹〕〔石〕山房鈔本

舊題紹興十五年改定。

國史經籍志五卷 舊鈔本

明焦竑撰。

千頃堂書目三十二卷 傳鈔本

清黄虞稷撰。

曹楝亭書目三册　舊鈔本
清曹寅撰。有「曾在當湖胡篴江家」朱記。

江蘇采輯遺書總目二册　傳鈔本
清兩江總督高晉、江蘇巡撫薩載設局采書，得書二千八百部，照經史子集編目，未刊行。

孫氏祠堂書目四卷　舊鈔本
清孫星衍編。

吟香〔仙〕館書目二册　舊鈔本
清馬瀛編。有馮登府序及自記。有「漚舫」朱記。

金石類

隸釋十九卷　舊鈔本
宋洪适撰。

寶刻叢編二十卷　舊鈔本

宋陳思纂。

金薤琳琅二十卷　精鈔本

明都穆撰。有「蕭爽齋書畫記」、「朱敷之印」、「西村」三朱記。

金陵古金石考一卷　舊鈔本

明顧起元撰。有「江恂私印」、「于九」、「蠅鬚館珍藏書畫印」三朱記。

史評類

皇（明）〔朝〕大事記九卷中興大事記四卷　明藍格鈔本

宋吕中撰。次行黄申省元新肇府教授温陵吕中講義，三行省元國學前進士三山繆烈蘭皋蔡柄編校。有「黄虞稷印」、「園客」、「慕齋鑒定」、「宛平王氏家藏」、「燕越胡茨村氏藏書」、「愛日精廬藏書」、「士禮居藏」諸朱記。

中字時〔可〕，晉江人。淳祐七年庭對第六人，教授肇慶府，除國史實録院檢閲。上(書)〔疏〕言當去小人之根，革贓吏之弊，遷國子監丞兼崇政殿説書。言人能正心，則〔事〕不足爲；人君能正心，則事不足治。理宗嘉納之，以予告歸，召爲秘書郎。丁大全忌之，出知汀州，尋復舊官，主管成都玉局觀，卒。是書予得之戊子春，迄今丁巳，〔已〕三十年矣。鄉後學黄虞稷題。

咫進齋善本書目卷三

歸安　姚覲元

子部

儒家類

纂圖互註荀子二十卷　宋刻本

周荀況撰，唐大理評事楊倞注。半葉十一行，行二十一字。黑口。雙闌。每葉右闌外標題或有或無，注中「重言」、「重意」、「互註」皆以陰文爲識。

新書十卷　明刻本

漢賈誼撰。

說苑二十卷　明刻鈔補本

漢劉向撰。首二卷係鈔補。

說苑二十卷新序十卷　明嘉靖刻本

明嘉靖丁未何良俊合刻。半葉十行,行二十字。

纂圖互註楊子法言十卷　宋刻本

漢楊雄撰,宋司馬光集註。半葉十一行,行大二十一字,小二十五字。黑口。雙闌。宋咸序,後有木記云「本宅今將監本《四子纂圖互註》附入重言、重意,精加校正,並無訛謬,謄作大字刊行。務令學者得以參考,互相發明,誠爲益之大也,建安□□□謹咨」六行。

楊子法言十卷　明世德堂刻本

漢楊雄撰。

文中子中說十卷　宋刻本

隋王通撰，宋阮逸注。宋刊《纂圖四子》本。

文中子十卷 明世德堂刻本

隋王通撰。

新刊分類近思録殘本四卷 宋刻巾箱本

宋建安葉采編集，潞州周公恕類次。原書十四卷，今存卷七至十。半葉九行，行十八字。白口。

兵家類

兵要望江南詞一卷 舊鈔本

唐易静撰。有「當湖小重山館胡氏篴江珍藏」(二)朱記。

虎鈐經二十卷 元人鈔本

宋許洞撰。用大德公事紙鈔。有「晉陽家藏」、「天籟閣」、「竹垞」、「(花)〔華〕山馬仲安家藏善本」、「鞠農」、「吴翌鳳家藏文苑」諸朱記。

醫家類

肘後備急方八卷　明刻本

晉葛洪撰。板心上分「元」、「亨」、「利」、「貞」四字。有「袁又愷藏書」、「五硯樓圖書」兩朱記。

大德重校聖濟總録殘本五卷　元刻本

宋徽宗敕編。半葉八行，行十六字。小黑口。雙邊。板心上有字數，下有人名。原書二百卷，今存卷六十五、卷六十六、卷七十一、卷九十三、卷一百五十，凡五卷。

大觀本草殘本二卷　宋刻本

宋唐慎微撰。半葉十二行，行二十字。黑口。雙邊。原書三十卷，今存卷十二、卷十三。

重修政和經史證類本草三十卷　元刻本

宋唐慎微撰。半葉十一行，行二十三字。

類證普濟本事方十卷　舊鈔本

宋許叔微撰。有「韓印之圻」、「禮春」、「古柏山房」諸朱記。

外科集驗方一卷　原刻本

明楊清叟編。洪武戊午原陽趙宜真、廬陵吴有壬序。有「怡府世寶」、明善堂、安樂堂諸朱記。

秘傳外科方一卷　明刻本

不著撰人姓名。有洪武二十八年乙亥歲孟冬淵然道者序。

仙授理傷續斷方一卷　明刻本

舊題藺道者所傳。有序，無年月。

術數類

觀象玩占五十卷　明鈔紅格本

舊題唐李淳風撰。

素問六氣玄珠密語十七卷　舊鈔本

唐王冰撰。前有德麟元年自序。有「武林高深甫妙賞樓藏書」、「古杭瑞南高士深藏書記」、「曾藏汪閬源家」、「士禮居」、「蕘夫」諸朱記。

乙亥秋，余養痾杜門，時郡中有託余經購古書者，故書友之踪跡，日盈我門矣。託購者惟是宋元舊刻、一切舊鈔名校，故余亦得藉是收録一二焉。七月小盡日，有書友告余曰，某估有舊鈔《玄珠秘語》，曾送閱乎？余曰，未也。遂爲余言其詳，余即往購之。明晨物主果以此書來，索番餅八枚，初書友持是書來，云係杭州人家舊藏，向以十金得之。余頗信其言，因書中有古杭高氏藏書印也。及議成，而私謂所親曰，寔從閶門外上塘街以青蚨五十六文得之，持示同行胡立群，許以〔三〕餅金，故知其佳，必爭高直也。并爲余言某坊曾還〔直〕若干。某坊者，經義齋主人胡姓鶴名，立群其字也。在書估中爲能識古書之一人，惜知觀書而所見未廣，聞見尚未能擴耳。安得在宋齋坐卧十日，盡發所長，以增長識力乎。

又曾以新鈔本參閲，知彼爲十卷，而此爲十七卷，其書較全，又未缺失處僅少一葉零。書估之博識如是，而於此書之何本，鈔手之何如，藏弆之何人，皆未有以知之。但知其舊鈔而已矣，舊鈔之必（事）〔爭〕高價而已矣。及一入余手，而本則定其爲《道藏》也，《道藏目録》卷四「基」字號計十三卷。驗諸卷一云「二同卷」而已矣。時則定其爲成、弘也，驗諸（擱）〔欄〕格之（之）潤黑口而已矣。人則定其爲名家也，驗諸書中之藏書圖記而已矣。及出《讀書敏求記》證之，知十七卷爲全。又驗諸《道藏》本目録，知卷一之十七共十三卷，蓋一、二同卷，五、六同卷，十一、十二同卷，十四、十五同卷，故又云十三卷也。惟是坊間新鈔改爲十卷，不知其由。文義亦微不同，姑用他紙録此缺失者，本書仍以空格存其舊云。至於每篇叙次，此《五行類應紀篇》已下三篇，《道藏》目録在《地合運紀篇》後，似又歧異矣。復翁記。

高瑞南，明中葉人，大藏書家。凡宋版舊鈔，書上有其藏書印記，余家所藏多有之。

嘉慶乙亥中秋前八日，命工錢瑞正子伊人重裝，前跋所云「私謂所親」者，即伊人也，於是書亦有購訪之勞焉。裝成次日，適錢塘何君夢華至，出示此書，并詢以古杭高瑞南，君必知其詳。夢華云，此人家多藏書，并於醫家書尤喜藏弆，其有宋刻《朱氏集驗方》，即其書也。今夢華已將真本歸阮氏雲臺，而影寫本歸五硯樓，今鈔本又由五硯歸余，故附載其始末如此。至余舊藏宋本《外臺秘要》，亦有其圖記，而宋本《咸淳臨安志》本爲古杭志書，宜瑞〔南〕之珍藏也，今皆在士禮居中。得此《玄珠密語》，可謂三絶矣。中秋前七日廿止醒人記。

越歲丙子夏日，書友以明刻《外科秘方》示余，方悉高瑞南爲明神廟時人，《外科秘方》即其刻也。渠序云：「余少志博習，得古今書爲最多，更喜集醫家書。」又爲此書得一確證矣。

丙子中秋校《道藏》本，其通體序次與此正〔同〕，無移易也。

人身一小天地，《素問六氣》，真探源星宿也。近時醫不讀書，欲求明理，其可得乎。吴中一老醫，王其姓，丙其名，繩孫其字，樸莊其號。余猶及見之，治病亦曾邀之，而未經領略其妙。頃與王惕甫談，知治其尊人之病，預决其死生遲速，以壬癸日爲難過，并云須歷幾個壬癸日始卒，後果如所言。證以此書，樸莊殆得力於此者乎。樸莊曾屬惕甫作一文字，序其書。迨其卒惕甫不及歸，後其長子又卒，無從得其事，故文缺焉。

景祐乾象新書三十卷拾遺十卷 明藍格鈔本

宋楊惟德奉敕撰。有「何印元錫」、「夢華館藏書〔印〕」、「李印兆洛」、「杲堂手校」諸朱記。

嘉靖丙午六月十二日，五川居士在萬卷樓記。

天文秘書二十册 舊鈔本

不著撰人名氏。

太乙統宗寶鑑二十卷 舊鈔本

元吴琉撰。有大德七年癸卯曉山老人序。

藝術類

宣和畫譜二十卷 明刻本

不著撰人名氏。

書畫史二卷　明繙宋刻本

宋米芾撰。有「結一廬藏」、「塘棲朱氏結一廬圖書記」二朱記。

書經補遺五卷　傳鈔本

元鄉貢進士東原吕宗傑志剛纂輯。有至正辛卯自序，張順祖跋。

書學會編十四卷　明天順刻本

明黄瑜集編。凡分《法帖釋文》十卷，《書史》一卷，《法帖刊誤》二卷，《法帖譜系》一卷。

譜録類

考古圖十卷　元刻本

宋吕大防撰。半葉八行，行二十二字。黑口。有大德己亥古迂陳才子序。

至大重修宣和博古圖録三十卷　元刻本

宋王黼撰。半葉八行，行十七字。白口。單邊。有「孫印星衍」、「繡衣執法大夫〔印〕」

二朱記。

雜家類

呂氏春秋二十六卷　元刻本

秦呂不韋撰。半葉十行，行二十字。白口。有「周印良金」、「毘陵周氏九松迂叟藏書記」二朱記。

淮南鴻烈解要略閒詁二十八卷　舊鈔本

漢淮南王劉安撰，高誘注。有「蕘圃手校」、「士禮居藏」二朱記。

此《淮南鴻烈解》二十八卷舊鈔本，余得諸顔家巷張秋塘處，云是其先世青父公所藏。卷中有校增字如高誘撰文云云，皆其筆也。《淮南子》世有二本，一爲二十一卷，出於宋本。一爲二十八卷，出於《道藏》本。至二十卷者，錢述古所謂流俗本也。近時莊刻謂出於《道藏》，顧澗濱取袁氏五硯樓所藏《道藏》本校之，知多譌脱。余卻手臨一本，頃從都中歸，高郵王伯申編修聞余收《淮南》本極多，屬爲傳校。又五柳居陶藴輝思得善本《淮南》付梓，余家居無事，思爲校勘，遂借袁本重校於此本，《道藏》面目，略具於是矣。《道藏》刻於正統十年十一月十一日，卷首碑牌可證。行欵每葉十行，每行大小十七字。此本字細行密，不及鉤勒。卷中有青父校增字句，當據别本，今悉照《道藏》削去，雖是弗存，以歸畫〔一〕，暇日當取宋刻正之。辛酉九月重陽後二日，蕘圃黄丕烈識。

余收得宋刻，係曹楝亭藏書，故五柳主人於揚州得之，以歸余者也。子書惟《淮南》世鮮宋刻，故近今翻刻，從前校讐，皆未及宋刻。余既收得，同人慫恿校出，忽忽未有暇也。偶一校及，輒又中止。年來目力漸衰，遇小字甚不明了，此書宋刻字既小，又多破體，并印本漫漶處，故校難。而所校之本又係小字舊鈔，兼〔細〕如蠅頭，故校尤難。前輟校不知幾何年，而今兹三月下澣一日，始復校此。旬日之間，事阻者三四日，草草畢工，略具面目。於破體字及宋刻誤字之灼見者，亦復不記出，一則省工夫，二則改正字從破體，雖曰存真，反爲費事。惟於古字古義或有可取者，仍標其義異而出之，雖疑者亦存焉，蓋慎之也。校書取其佳處，或因疑而削之，甚非道理，猶兢兢守此義耳。丙子四月朔，丕烈。

劉子二卷　影宋鈔本

北齊劉晝撰。有「石(斫)〔研〕齋秦氏印」朱記。

顔氏家訓二卷　明萬曆刻本

隋顔之推撰。明程伯祥刻。

東城顧氏有殘宋本二種，一爲《續顔氏家訓》，一爲《蔡松年詞》。一宋刻，一金刻。始攜至余家，余適有次子病危，未及議直。後歸小讀書堆，亦未及向抱冲處借觀也。抱冲既殁，書盡扃閉，假觀尤難。不意閲二十年來，一旦俄空焉，精刻名鈔，盡入他人之手。而此二種屬書友物色之，覆云無有。既而探聽消息，已歸常(熟)〔昭〕人家。松年詞標題《明秀集》，無怪書友不知，即物主亦不知，爲陳子準所得。此《續顔氏家訓》爲張月霄所得。二種分兩家，物之分合，不常如是。頃因修志，往兩家借書，從月霄丐歸，方知《續家訓》前固有《顔氏家訓》原文也，存六、七、八三卷，首缺二葉，即係《續家訓》文。因就三卷中有《顔氏》原文者，手校於此，其續者當别録其副。始余檢《讀書敏求記》，方知有此書，他目未詳。然遵王亦不言有《顔氏家訓》原文載於《續》者之前，今方知之，甚哉撰述之難也。至《蔡詞》，子準甚秘，未及借觀。其板刻之爲金板，約略想見，蓋余所見金刻書味氣都合也。辛巳八月大盡日，復見心翁校訖記於縣橋小隱之學耕堂南軒。

長短經九卷 舊鈔本

唐趙蕤撰。後有「淨戒院新印」五字。有「獨醒居士」、「迂松閣」二朱記。

白虎通德論二卷 元刻本

漢班固撰。

芥隱筆記一卷 舊鈔本

宋龔頤正撰。有「湘城九霞野逸龔文照紫筠堂藏書」、「文照之印」、「野夫所藏」諸朱記。

困學紀聞二十卷 乾隆刻本

宋王應麟撰。瞿木夫録錢竹汀校。

馬氏後序，此本偶逸去，(韻)〔穎〕龕屬(長)〔萇〕生補録於後。時在潛(硏)〔研〕堂，已未十一月乙酉朔也。

宋王尚書厚齋先生《困學紀聞》二十卷，初鏤板於元大德間，明弘治、萬曆俱有重刻本。是書爲先生晚年所著，會萃群籍，穿穴紛綸，學者每苦津逮之難。兹得太原閻百詩徵君箋釋各條之下，又得長洲何義門學士校閱本，暇日以大德本互爲勘對，有文義可兩存者，並注於後，因鳩工刻置家塾，而記其顛末如此。乾隆戊午八月，祁門馬曰璐書於叢書樓。

校訂困學紀聞集證二十卷

香山黄培芳補箋。

余讀《困學紀聞》，初得閻、何註本，繼得萬氏集證本，又得五箋本。於戊辰冬，始稍加丹鉛，最後得此合註之本。兩游京師，遞有所增，而初校本已爲友人丐去。因將前後所得，薈萃斯編，即日後增加，亦録於此。惟此編所收雖富，尚病轇轕。余隨得隨録，亦未整齊。當删其繁蕪，刊爲善本。余或不及，深望後人也。培芳。

道光三年癸未春，借門人許編修乃普所藏汪選樓本再校。選樓名家禧，浙人。凡墨筆除杭氏外，多出汪本。云（中）〔十〕箋者，舉成數也。香石識。

凡補輯者儗加「補」字，增訂加詳者仿此。

各家姓氏儗總列於前，每卷上題「浚儀王應麟伯厚」，下署「香山黄培芳香石補箋」。

論衡三十卷　明通津草堂刻本

漢王充撰。半葉十行，行二十字。後有「周（玆）〔慈〕寫、陸奎刻」一行。有「洛下王孫世家」、「陸氏子淵」、「飛雲閣」、「松窗小隱」諸朱記。

封氏聞見記十卷　舊鈔本

唐封演撰。

吹劍録不分卷　舊鈔本

宋俞文豹撰。有「高銓之印」、「固叟」二朱記。

霏雪録一卷　舊鈔本

明鎦績撰。有弘治張文昭跋。

棗林外索三卷 舊鈔本

明談遷撰。

紺珠集十三卷 舊鈔本

不著撰人名氏。

傳是樓彙鈔十一種 舊鈔本

凡《燕對録》一卷,《損齋備忘録》二卷,《畜德録》一卷,《青溪暇筆》一卷,《庽圃雜記》二卷,《病逸漫記》一卷,《瑯琊漫鈔》一卷,《君子堂日詢手鏡》二卷,《朝鮮紀事》一卷,《朝鮮賦》一卷,《菽園雜記》一卷。

類書類

藝文類聚一百卷 明胡氏刻小字本

唐歐陽洵撰。半葉十四行,行二十二字。後有陸采跋,杭州譚仲儀遂馮已蒼、錢求赤校。

歲丙子，閩人劉履丁贈錢宗伯牧齋以宋刻《藝文》，予從牧齋借校此本，始於丁丑之四月，畢於六月之十七日，是年閏五月，蓋百日而終卷也。劉本正是此本之祖，中有模糊缺處，無不因襲，始知陸采所云「剷半」之説謬也。卷末有胡盧「碧沙」印，又「舊學圖書」四(方)〔字〕方印，未知何家物也。孱守居士記。

崇禎丁丑借錢宗伯牧齋宋本校過，與此本正同，「剷半」之説妄也。此書似非全書，但宋時已止存此，想世無完本矣。馮巳蒼書。

陸采云「剷其半以示存(半)〔羊〕意」，謂胡可泉刻成此書後，俗人欲焚此板，今剷半，以示不忍之意，非謂此書之不全也。附記於此，馮先生必以爲然。求赤漫識。

孫淵如有足本《藝文類聚》，陸采之言，非無因也。壬辰嘉平臨畢記，韜庵。

同治三年歲在甲子嘉平月，杭州譚儀仲儀父借陳氏帶經堂藏書傳校，寄贈周季況。卷中校語，或馮、或錢、或陳，端緒可尋。間有參錯者，儀亦間附一二於下方。短景草率，隨朱筆繙寫，未克逐條(采)〔采〕校。季況方得《北堂書鈔》真本，或者併二書撰校勘記，以遺後來。虞、歐可作，樂得此功臣也。校凡十日而斁，僅馮先生之十一耳。繼事者易爲功，諒哉。儀識。

大唐類要一百六十卷　藝海樓鈔本

唐虞世南撰。有朱筆校訂。

「康熙中，朱錫鬯得《大唐類要》，有跋見《曝書亭集》。季滄葦得《古唐類範》，見《延令書目》。嘉慶初，《古唐類範》爲吴縣黄蕘圃所得，散片兩包，未曾裝訂，余屢借觀。卷首有『季振宜印』，首尾有『秀水朱氏潛采堂印』，每卷『古唐類範』四字俱挖補，蓋《類範》即《類要》，即《書鈔》，書估作僞，寔即《書鈔》原本也。」右嚴鐵橋跋《北堂書鈔》原本云耳。同治丁卯冬來蘇門，獲胡氏琳瑯秘室明寫本《書鈔》，憶郁泰峰《宜稼堂書目》中有《大唐類要》之目，欲厲書其家借本一校。適檢丁(兩)〔禹〕生方伯藏書，有此顧湘舟氏藝海樓鈔本，不知所出云何，於郁氏本何如。略校胡本數葉，其舛錯甚於胡本，而足以補正者亦自不乏，暇日當通讐一過。十一月十三日，游木瀆歸書志，邵亭峎叟莫友芝。

得此書之明年，蔣劍人又爲説合胡氏鈔本，係屬散帙，令書賈重裝，月餘杳無回信。遣人詢之，則子偲早持漢幟易之矣，始知子偲之記此一段有因也。然則海内之酷嗜異書，蓋無出於子偲右者。丁卯三月朔，禹生記。

初學記三十卷 明刻本

唐徐堅撰。半葉九行，行十八字。板口有「寧壽堂」三字。有「華山馬仲安〔家〕藏善本」、「金星軺藏書記」二朱記。

元和姓纂十卷 舊鈔本

唐林寶撰。

太平御覽一千卷 明藍格鈔本

宋李昉等奉敕編。有日本人印。

册府元龜殘本一百四十九卷 明鈔彙萃本

宋王欽若撰。存六百七至七百五，七百九至七百十六，七百三十三至七百三十六，七百四十一，七百五十七至七百六十，八百一，八百二，八百七至八百十，八百十三，八百六十六至八百七十五，九百三十四，九百三十五，九百三十九，九百四十三，九百四十八，九百四十九，九百五十七至九百六十六。

事物紀原十卷　明刻校宋本

宋高承撰。照宋本校過。宋本有木記云「此書係求到京本，將出處逐一比(較)〔校〕，使無差謬，重新寫作大板(開雕)〔雕開〕，並無一字誤落，時慶元丁巳之歲建安余氏刊。」

書叙指南十二卷　明嘉靖刻本

宋任廣編，明紫繁增定。嘉靖安謙序。有「錢氏叔寶」、「句吴逸民」、「榮木軒」三朱記。

《書叙指南》十二卷，明嘉靖時刻。初書友以是示余，亦重其爲錢磬室藏本，至其書之無足重，雖書友亦知之。余初疑爲明人著述，不之重。後晤書友，云是書《四庫》已收，且載《文獻通考》，蓋古書也。余因檢之，果然。然彼此有不同者。《通考》云：「《書叙指南》二十卷，晁氏曰：任浚撰，崇寧中人，纂集古今文章碎語，分門編次之，凡二百餘類。陳氏曰：皆經傳四字語，備尺牘應用者。」今書十二卷，卷不同矣。今云「浚水正齋任廣德儉編次」，名不同矣。今不及二百類，類不同矣。今不止四字語，語不同矣。當(時)〔是〕明人重刻有删削增添也。書經翻刻，必不能復古，寧獨此哉。卷中有補鈔者，有增改者，又不知所據云何矣。朱墨二筆，皆出一手，審是明人筆氣，疑爲功甫筆。取他手鈔書證之，似不類，未敢臆斷也。壬申夏五收於經義齋，復翁識。

錦繡萬花谷前集殘本三十二卷後集殘本三十六卷 宋刻本

不著撰人名氏。半葉十一行，行十九字。小黑口。《前集》存卷一至八，卷十一至十九，卷二十一至二十五，卷二十九，卷三十一至三十三，卷三十五至四十。《後集》存卷二至三十七。凡六十八卷。

山堂先生群書考索前集六十六卷後集六十五卷續集五十六卷别集二十五卷 元刻小字本

宋章如愚撰。半葉十五行，行二十四字。小黑口。有「延祐庚戌圓沙書院新刊」木記。

古今源流至論後集殘本五卷别集殘本五卷 元刻本

宋林駉撰，《别集》宋黄履翁撰。半葉十二行，行二十五字。白口。《後集》存卷六至十，《别集》存卷六至十。

玉海二百四卷 元刻本

宋王應麟撰。半葉十行，行二十字。至元六年東嘉薛元德序，後有「慶元路儒學刊造玉海書籍提調官教授王弦、桂克忠，學正虞師道、薛元德，學録汪興、王壽朋，直學陳眉壽，學使岑立道。校正對讀厚齋孫王厚孫、王寧孫。書寫王秉、王陞、楊德載。刊字生張周士等三十人。翁洲書院山長曾性重校正，紹興路高節書院山長金止善監督」十行。

增廣事聯詩學大全殘本十六卷 元刻本

不著撰人名氏。存卷十五至三十。

大學新編黼藻文章百段錦二卷 明刻本

元方頤孫編

小說類

北窗炙輠録二卷 傳鈔本

宋施德〔操〕撰。

桯史十二卷 元刻本

宋岳珂撰。前有自序。半葉九行,行十七字。黑口。有「夢鷗僊館」朱記。

歸潛志十四卷 舊鈔本

元劉祁撰。

山海經圖讚十三卷 舊鈔本

有「葉樹廉」、「石君」、「樸學齋」、「歸來草堂」、「孫印從添」、「慶增氏」諸朱記。

《山海經圖讚》,《津逮》中有之矣。蓄書必取舊刻名鈔,故此本有葉、孫兩家藏書齋記,雖非鈔之至精者,亦在收藏之列。是書出余友張君秋塘,知余所好如是,欲易家刻《國策》一部,遂易之。分十三卷者,猶舊第也。甲戌人日記,時瑞雪未消,新月欲下,一種清景,閒窗静夜,人獨領之。復翁記。

廣異記二十卷 舊鈔本

唐戴孚撰。有「汪士鐘藏」朱記。

酉陽雜俎二十卷 舊鈔本

唐段成式撰。有朱筆校。前有嘉定癸未鄧復應甫跋，淳祐十載佚名跋。有「江山劉履芬彦清父收得」諸朱記。

釋家類

波羅密經一卷 宋刻本

梁扶南三藏曼陀羅仙譯。半葉六行，行十七字。經摺裝。有「嘉熙二年中秋月魯〔國〕善男子洪林發心刊布」一行。收藏有「鬱岡精舍」、「笪」、「江上外史」、「繡衣御史章」諸朱記。

景德傳燈録殘本四卷 宋刻本

宋沙門道原編。半葉十三行，行二十四字。黑口。上有字數，間有刻工姓名。原書三十卷，今存卷二、卷三、卷十、卷十一，凡四卷。有「巢鶴堂」、「〔田〕〔日〕藻珍玩」、「上湖」、「葉印時愷」、「襄虞」諸朱記。

翻譯名義集十四卷 元刻本

宋姑蘇景德寺僧法雲編。半葉十二行，行二十二字。黑口。後有大德辛丑普洽記。有「漢陽葉名澧潤臣」諸朱記。

道家類

道德經講義十二卷 明刻本

題宋左街鑒義主管教門公事祐聖觀虛白齋高士呂知常撰。卷首有無名氏序。此爲明正德間鎮安道士李元機與居民邱鳳所刊。有「籛後人受之甫讀書記」、「越谿草堂」、「明善堂覽書畫記」、「安樂堂藏書記」諸朱記。

莊子注殘本八卷 宋刻本

晉郭象注。宋刊《四子纂圖互注》本。原書十卷，今存卷一至八。

莊子注十卷 明世德堂刻本

晉郭璞注。有朱筆圈點。

參同契二卷　明鈔本

宋魏伯陽撰。

周易參同契發揮三卷釋疑一卷　明刻本

宋俞琰撰。

三子口義十八卷　萬曆刻本

宋林希逸撰。有萬曆辛巳趙秉忠序。

邳進齋善本書目卷四

歸安　姚覲元

集部

楚辭類

楚辭集注殘本一册　明刻本

半葉九行，行十七字。有「古鹽張氏」、「宗橚」「詠川」二朱記。

别集類

嵇康集十卷　明吴氏叢書堂鈔本

魏嵇康撰。板心有「叢書堂」三字。有「陳貞蓮書畫記」朱記。

《中散集》十卷，吴匏庵先生家鈔本，卷中（僞）〔譌〕誤之字皆先生親自改定。自板本盛而人始不復寫書，即有書，不知讐校，與無書等，祇供蠹損浥爛耳。觀前賢於書籍用心不（苦）〔苟〕如此，又可憑以證他本之失也。庚子六月入伏日記於顧南原之味道軒。

乾隆戊子冬日得於吴門汪伯子家，張燕昌。

六朝人集，存者寥寥。苟非善本，雖有如無。此《嵇康集》十卷，爲叢書堂鈔本，且匏庵手自讐校，尤足寶貴。歷覽諸家書目，無此集宋刻，則舊鈔爲（善）〔尚〕矣。余得此於知不足齋，渌飲年老患病，思以去書爲買參之資。去冬曾作札往詢其舊藏殘元本《元朝秘史》，今果寄余，并以此集及元刻《契丹國志》、活本《范石湖集》爲副，余贈之番餅四十枚。閒窗展玩，因記數語於此。觀張芑塘徵君跋，知此書舊出吴門，而時隔三十九年又歸故土。物之聚散，可懼可喜。特未知汪伯子爲誰何耳。嘉慶丙（辰）〔寅〕寒食日，晨雨小潤夜，風息狂，蕘翁書。

四月望後一日，香嚴周（文）〔丈〕借此校黄省曾本，云是本勝於黄刻多矣。余家亦有黄刻，暇日當取校也。前不知汪伯子爲誰何，今從他處記載，知其人乃浙籍而寄居吴門者，家饒富，(善)〔喜〕收藏骨董。郡先輩如李克山、惠松崖皆嘗館其家，則又好文墨者也，是書之出於其家固宜。後人式微，物多散佚，可慨已。然思後人得其物而思其人，俾知(素愛)〔愛素〕好古，昔有其人，(獨)〔猶〕勝於良田美産轉徙他室，數十百年後名字翳如，不更轉悲(似)〔爲〕喜乎。伯子號念貽云，余友朱秋崖乃其内姪也，故稔知之。蕘翁又記。

是書余用別本手校副本備閲，於丁卯歲爲舊時西賓顧某借去，久假不歸，遂致案頭無副本，殊爲可惜。頃因(見)〔啟〕厨見此，復跋數語，俾知此本外尚有余校本留於他所也。癸酉五月廿有六日，復翁記。其去得書之日，已八閲歲矣。

陶淵明集十卷　明繙宋刻本

晉陶潛集。每卷注字數。

陶集六卷　陳无軒手鈔本

晉陶潛集。每葉闌外上有「潁川中子書」，下有「湘管齋珍祕」字。

余慕靖節之爲人，讀其集愛焉。今年春，從友人借得仿宋刻本，攜至括蒼山館。日少暇，就燈鈔之，不覺銷去銀燭三數十條也，然是中有深趣矣。乾隆二十六年中秋後五日，桂花雨中，端居不出，偶檢行篋得之，手裝成册，因爲題記。無軒居士陳焯書於湘管齋。

濟寧廩樓讀陶詩畢，敬題於後。

顔謝非同調，千秋第一人。精深涵道味，爛熳發天真。有恥難諧俗，無官不計貧。平生頑懦意，感動賴先民。時余方卧病，乞假。癸丑七月望，慎行志。

陶詩宋以前無註者，至湯東澗始發明一二，而未詳。元初詹若麟居近柴桑，因徧討古跡，考其歲月，本其事迹，以註釋其詩。吴草廬爲之序，此於柴桑之註《楚騷》，當時必有刻本，而今不可得矣。此本間引東澗之説，惜未見考註耳。康熙甲午夏，初白老人識。

乾隆壬子十一月既望，瓜圃居士寄向所勘本，就鐙即録歸之，（倬）〔焯〕記。

此編鈔於辛巳，乃二十九歲時也。今越癸酉，年八十一矣。念五十餘年中，不獲另録一淨本，悠悠忽忽，可勝慨然。嘉慶十八年七月五日，泰然翁〔暴〕書再識。

分類補注李太白詩集殘本二卷　元刻本

唐李白撰，宋楊齊賢集注，元蕭士贇删注。存目録及卷一、卷二。

杜詩千家注六卷　元刻本

元黄鶴補注，范梈批選。半葉十二行，行大二十字，小二十六字。黑口。

七家批錢注杜詩二十卷　吴紫瑜手録本

清錢謙益注。七家者，顧炎武、王無異、潘耒、王士禛、閻若璩、杜濬、鐵保也。後有長州吴起潛紫瑜甫記一行。

顔魯公文集十五卷年譜一卷行狀一卷　傳鈔本

唐顔真卿撰。

顔魯公年譜一卷行狀一卷碑銘一卷本傳二卷文集補遺一卷　明活字本

唐顔真卿撰。口上有「錫山安氏館」五字。

劉隨州集十一卷　明藍格鈔本

唐劉長卿撰。

朱文公校昌黎集四十卷外集十卷遺文一卷　元刻本

唐韓愈撰，宋王伯大編。半葉十三行，行二十三字。中有鈔配之葉。

朱文公校昌黎集四十卷外集十卷遺文一卷　元刻本

行欵與前本同。

朱文公校昌黎集四十卷　元刻本

行欵與前本同。

昌黎外集十卷　明刻本

半葉九行，行十八字，大小字同。

增廣注釋音辯唐柳先生集四十三卷別集二卷外（傳）〔集〕二卷附（廣）〔録〕一卷　元刻本

唐柳宗元撰，南城先生童宗説注釋，新安先生張敦頤音辯，雲間先生潘緯音義。前有劉禹錫序，乾道三年陸之淵序。半葉十三行，行二十三字。《文集》缺第四十卷，餘卷亦有缺葉。

增廣注釋音辯唐柳先生集四十二卷　元刻本

行欵與前本同。

「《增廣注釋音辨唐柳先生集》四十二卷《别集》二卷《外(傳)〔集〕》二卷《附録》一卷，題南城先生童宗説注釋，新安先生張敦頤音辯，雲間先生潘緯音義。前有劉禹錫序，《年譜》，乾道三年陸之淵《柳文音義序》，爲潘緯作也。宋刊黑口本，每葉廿六行，行廿三字。」右趙山堂雜記也，驗之此本悉合，惟紙墨饃餬，蓋宋板之下一等耳。中有竹垞印，余得之禾中書估，時甲午人日。

吕和叔文集十卷　姚世鈺傳〔鈔〕本

唐吕温撰。有「吴興姚氏文房」、「世鈺」、「陳貞蓮書畫記」諸朱記。

戊申春日從董兄訥夫假鈔《吕和叔集》，既斷手，復以家藏元板《唐文粹》覆審，附注數十字而歸其原書。董氏姚世鈺記。

《吕和叔文集》，常熟馮君舒已蒼鈔寫自宋本，而缺第六、七兩卷，又從《英華》、《文粹》録其所有者而校讐之，視原目僅缺七篇，其用心可謂勤矣。然亥豕之誤，未盡去也。雍正丁未七月鈔得此書，并爲刊誤，且記其愜意於題下，色用黄，不敢亂其舊云。錢遵王《讀書敏求記》述其從祖牧翁絳雲樓有鈔宋槧本《吕和叔文集》十卷，凡《英華》、《文粹》字有異同者，俱詳註其上，不言殘缺。而大馮君所見祇有前五卷，其後五卷别購異本鈔補，六、七卷漏落如故，豈牧翁後得足本歟，或即同馮氏寫本而誤以爲全也。雍正七年十一月二十三日，訥甫記。

皇甫持正文集六卷　舊鈔本

唐皇甫湜撰。有「讀易樓秘笈〔印〕」朱（本）〔記〕。

長江集十卷　明刻本

唐賈島撰。有「野夫」、「九霞逸史珍玩」、「長洲龔氏群玉山房藏書記」諸朱記。

道光癸未秋九月，假陳子雅藏本校定於鱘溪寓館之敦好齋，九霞逸史〔文〕照記。

〔長江集十卷　毛刻校本〕

〔唐賈島撰〕

〔癸卯臯月五日，假錢氏宋本勘校一過。正庵。〕

長江集十卷　明鈔本

唐賈島撰。有「上黨馮氏私印」、「上黨」、「求赤」、「馮班定遠」諸朱記。

書此者張敏卿，今日求傭書人筆意清雅若是者，何可得耶。

柳大中家宋本重録。

崇禎甲申五月重裝。

丁亥冬岷山人借鈔。

陶世濟崇禎乙亥歲五月觀。

此册真鈍吟老人所點，流傳入郡中一人手。沈生穎谷知余慕從老人議論，以白金二十銖購以見贈。書後諸名氏，孫江字岷自，錢孫保字求赤，陶書濟字子齊，皆有文，而與老人善。錢名載邑志，陶事詳老人兄孱守居士所著《懷舊集》中云。康熙癸巳秋，後生何焯書。

項子遷詩集一卷　舊鈔本

唐項斯撰。有「石君」、「寶研堂」、「胥江」諸朱記。

《項子遷集》亦從林宗藏本鈔謄。辛亥之冬，底本在林宗舊鄰人處，余從而購得此爲重本，因置案頭，常爲展閲。康熙十五年，樸學齋老人識於安定谷芳館。

李君虞集二卷　舊鈔本

唐李益撰。有「石君」、「樹蓮居士」朱記。

《百家唐詩》有《君虞詩集》，缺字頗多，此照柳大中本鈔得。大中名僉，吴中老儒，藏書甚富，後流於趙靈均家。靈均名均，吴中高士趙凡夫之子，多古書墨刻。妻文淑，善花草者也。靈均死後，《唐詩》在從兄林宗處，故鈔得之。今林宗死，書盡散矣，此書底本不知在誰何也。嗟乎，人事有聚必有散，藏之衍篋，不如飽之心胸，多聚而不讀，我甚笑之。戊申初冬，來歸家山，偶檢書籍，叙其源流於末云。康熙七年十月下旬之三日，東洞庭山鎮惡先生葉萬字石君識。

温庭筠詩七卷別集一卷　虞山馮氏鈔本

唐温庭筠撰。有「擁萬堂印」、「馮竇伯藏書記」、「花叢」諸朱記。格闌上有「馮彦遠藏本」，首行下有「海虞馮氏校訖」一行。

此是照宋刻繕寫，點畫無二，取較時本，迥不相同。虞山馮武識。

薛許昌詩集十卷　毛刻校本

唐薛能（校）〔撰〕。何小山墨筆粘簽。

三聖集一卷　元刻本

唐寒山子撰，元釋梵琦和。

皮日休文藪十卷　舊鈔本

唐皮日休撰。

唐風集三卷　毛刻校本

唐杜荀鶴撰。

此余家藏南宋板鈔本，癸卯春仲借得隱湖毛氏北宋板細校一過，異同處悉兩存之。海虞馮武。

咸平集三十卷　舊鈔本

宋田錫撰。有「平江陳氏」、「西畇藏書」、「西畇草堂」、「西畇草堂藏本」、「陳嶟之印」諸朱記。

《咸平集》三十卷，庚午春借知不足齋寫本重録，計四百五十葉，計字十二萬四千餘字。五月初十校畢，西畇。

張乖崖集十二卷附録一卷　舊鈔本

宋張詠撰。有「五硯樓」、「廷檮之印」、「袁氏又愷」諸朱記。

雍正十一年春，從無錫華豫原借得《忠文公集》宋板元印，中有數葉大德三年至大元年補刊，十行行十八字。祖範與弟姪輩共五人同鈔竟，行字縮狹，餘則悉照原式，裝潢藏貯家祠。子姪願鈔者，不妨領歸，但不可損壞遺失及私爲己有。四月望日記。

王黄州小畜集三十卷 舊鈔本

宋王禹偁撰。有朱筆校字，過録謝肇淛跋。

宋范文正公集殘本四卷 元刻本

宋范仲淹撰。半葉十二行，行二十字。白口。單闌。原書三十卷，今存卷十七至二十。

范文正公集附録十二種二十一卷 元刻本

行欵同上，存《尺牘》三卷，《言行拾遺》一卷，《遺事録》四卷，《别集》四卷，《遺文》一卷，《鄱陽遺事》一卷，《年譜》一卷，《年譜補遺》、《吴中遺跡》、《山東遺跡》、《洛陽志》、《西夏堡寨》各一卷。有元統二年甲戌八世孫文英跋，又「元統甲戌褒賢世家歲寒堂刊」木記。

鉅鹿東觀集十卷 舊鈔本

宋魏野撰。張訒盦朱筆照宋板校，有「紹仁之印」、「學安」、「訒盦」諸朱記。

蘇魏公集七十二卷 舊鈔本

宋蘇頌撰。有「藝芸主人」、「汪印士鐘」兩朱記。

古靈先生文集二十五卷　舊鈔本

宋陳襄撰。有「海寧楊芸士藏書之印」、「楊印文蓀」、「芸士」兩朱記。

傳家集八十卷　明刻本

宋司馬光撰。

范太史集五十五卷　傳鈔文瀾閣本

宋范祖禹撰。有「勞格」朱記。

居士集殘本二十三卷　明刻本

宋歐陽修撰。原書五十卷，今存卷三至二十（三）〔五〕。

后山詩注十二卷　影宋鈔本

宋陳師道撰，任淵注。後有「道光丁亥校宋本」一行。

傅忠肅公文集三卷 明鈔本

宋傅察撰。有周必大序，晁公休狀。收藏有「西河」、「毛古愚藏」、「奕苞」、「葉九來」、「西河毛氏藏書之印」諸朱記。

唐眉山集二十卷 舊鈔本

宋唐庚撰。有紹興鄭康佐跋。

石林居士建康集八卷 舊鈔本

宋葉夢得撰。有「翁澍之印」、「季霖」、「種石軒」、「江山劉履芬彦清父收得」諸朱記。

沈忠敏公龜溪集十二卷 舊鈔本

宋沈與求撰。有「得樹樓藏書」、「櫨岐昌印」兩朱記。

《龜溪集》十二卷，按《宋史》沈忠敏德清人，龜溪在城南，一名孔愉潭，即餘不溪也，事載《晉書》，集以地名。没後五十年，公之孫詵爲浙漕，始傳於世。一刻於紹興辛亥，一刻淳熙丁酉，卷帙皆同。近見《湖州府志》稱沈集五十卷，未知何據。余家藏本係先太史倩人鈔自秀水潛采翁家，當時未加細校，今朱氏書散軼，不知宋刻本落何人手，無從借閱正訛矣。乾隆庚午五月，岩門山樵查岐昌識。

陵陽先生詩集四卷　舊鈔本

宋韓駒撰。有「西昀草堂」朱記。

北山小集四十卷　影宋鈔本

宋程俱撰。有葉夢得、鄭作肅序。半葉十行，行二十字。

北山小集四十卷　舊鈔本

宋程俱撰。

孫尚書大全集殘本六十九卷　舊鈔本

宋孫覿撰。原書七十卷，今存卷一至三十九，卷四十一至七十，凡六十九卷。有「伯淵」朱記。

内簡尺牘編注十卷　舊鈔本

宋孫覿撰。門人李祖堯編注。

歐陽修撰集七卷附録一卷　舊鈔本

宋歐陽澈撰。

東萊先生詩集二十卷　舊鈔本

宋吕本中撰。乾道曾幾跋。有「仲魚圖象」及「得此書，費辛苦，後之人，其鑒我」、「汪印士鐘」、「藝芸主人」諸朱記。

知稼翁集十二卷　舊鈔本

宋黄公度撰。

東萊先生别集十六卷附録三卷　宋刻本

宋吕祖謙撰。半葉十行，行二十字。各卷均有補鈔葉數。有「藥盦珍玩宋元秘本」諸朱記。

止齋先生文集五十二卷附録一卷　明刊黑口本

宋陳傅良撰。

雲莊劉文簡公文集殘本十九卷　淡生堂鈔本

宋劉爚撰。原書二十卷，今存卷一至十五，卷十七至二十。從天順本出，有十世孫梗識。

雲莊詩集一卷　舊鈔本

宋劉爚撰。與下二種均從石門吴氏宋本録出。

棣華館小集一卷　舊鈔本

宋楊甲撰。

蕙菴詩稿一卷　舊鈔本

宋何耕撰。

批點分類誠齋先生文膾前集十二卷後集十二卷 宋刻本

宋楊萬里撰。半葉十二行，行十九字。小黑口。《前集》存卷一至四，卷七至十二。《後集》存卷一、卷二，卷四、卷五，卷八至十。

葉水心集二十九卷 舊鈔本

宋葉適撰。

山房集八卷後稿一卷 傳鈔閣本

宋周南撰。

楊太后宫詞一册 宋鈔本

宋潛夫輯。有自識。半葉七行，行十三字，寫在宋時呈狀廢紙後。收藏有「毛鳳苞印」、「子晉氏」、「毛氏鳳苞」、「毛晉之印」、「子晉」、「（湘）〔湖〕南（山）〔小〕隱」、「耦耕堂」、「孫印從添」、「慶珍氏」、「錢印允治」、「功甫秘玩之印」、「水雲」、「惠棟之印」、「（定）〔字〕曰定宇」、「樸學齋」、「百宋一廛清賞」、「士禮居藏」諸朱記。

丁卯花朝，一友密緘遠寄，云是少室山人手訂秘本，即命予附鐫《花蕊》後，以成宫詞快觀。因檢宋徽宗三百首，合梓二家宫詞，以公同好。

考今本止三十首，餘二十首從未之見，但「迎春燕子尾纖纖」、「落絮濛濛立夏天」、「紫禁仙輿詰旦來」，向刻唐人。又「蘭徑香銷玉輦踪」、「缺月流光入綺疏」、「輦路青苔雨後深」，向刻元人。今姑存原本，未便删去。舊跋潛夫，不知何許人也。《楊太后宫詞》，汲古閣曾刊入《詩詞雜俎》中，其稿本余今始獲之，所謂潛夫輯本也。毛子晉云「舊跋潛夫不知何許人」，余以稿本核之，其爲宋人無疑。紙係宋時呈狀廢紙，有官印朱痕可證。至潛夫之爲何許人，就其跋云「寧宗楊后」，而不系以宋，則可斷爲宋朝人。其標題曰「潛夫輯」，余疑爲周公謹。蓋公謹所撰書皆曰「輯」，如《武林舊事》則曰「四水潛夫輯」，《絶妙好詞》則曰「弁陽老人輯」。公謹入元，追憶故國，故有《武林舊事》之作。而此《楊太后宫詞》，輯之殆亦寓懷舊之思歟。余友海寧陳仲魚廣見博聞，〔助〕余曲證斯説，謂《齊東野語》有「慈明月楊太后事」一則，可見公謹熟於楊后事寔。且《癸辛雜識》載咸淳甲戌秋爲豐儲倉，甲戌乃咸淳十年，今跋云「癸酉仲春得之江左」，甲戌上距癸酉止隔一年，公謹生於紹定十五年壬辰，則癸酉年四十歲矣。得此二證，差信余説之非妄，故用别紙載《齊東野語》一則附於後，而并著仲魚之説云。時嘉慶十五年歲在庚午五月二十有六日，黄丕烈識。

湛然居士集十四卷 舊鈔本

元耶律楚材撰。有「汪印士鐘」、「民部尚書〔郎〕」、「汪厚齋藏書」三朱記。

月屋漫稿一卷 塘棲勞氏鈔本

元黄庚撰。從文瀾閣本傳鈔。

月屋漫稿一卷 塘棲勞氏鈔本

據宋賓王校本傳録。

桂隱詩集四卷 舊鈔本

元劉詵撰。有「仲遵」、「陳嶟私印」、「西畇居士」、「西畇草堂藏本」諸朱記。

魯齋遺書八卷附録二卷　明刻本

元許衡撰。明嘉靖乙酉蕭鳳鳴刊行。有「陳嶟」、「西畇居士」兩朱記。

白雲集四卷　黑格舊鈔本

元許謙撰。有「潘印顯謨」、「漪文氏」、「包子莊秘笈」、「高銓之印」、「固叟」諸朱記。

秋澗先生大全文集一百卷　舊鈔本

元王惲撰。

中庵集殘本十一卷　甘泉汪氏鈔本

元劉敏中撰。有「容夫校定」、「甘泉汪氏抄秘本之一」、「蕘翁手校」三朱記。

己丑九月寓吴門顧澗(濱)〔薲〕家,案頭適有殘本《中庵集》,爲容夫先生家鈔。鱣昔見先生家藏宋元别集,多人間未見之書,皆以掌理閣書時所鈔藏,此其一也。既屬澗薲爲我録副,復志於後,以徵奇遇。海鹽陳鱣。

嘉慶十六年借拜經樓校一過,老蕘。

右殘本《中菴集》十一卷。舊爲汪容夫先生家鈔本，中用硃筆校改處，猶是先生手筆也。後爲黄君蕘圃所得，復爲校正數字，即用墨筆所改者也。按此書久佚，《四庫》從《永樂大典》録出，爲二十卷，今缺上七卷，下二卷，蕘翁收時已如此矣。余曾假録一副，擬從閣中補鈔之，未果也。今原本爲閬源觀察所藏，暇日出示，屬爲補跋。按此書雖有缺失，然世不多見，甚爲可貴。觀察好事者，能補鈔刊行之，豈非一美事哉。己丑十一月初一日，顧廣圻書。

道園學古録五十卷 明嘉靖刻本

元虞集撰。半葉十三行，行二十三字。

黄文獻公集二十三卷 (刊)〔邗〕江蔣氏鈔本

元黄溍撰。有「西圃蔣氏手校鈔本」、「孫爾準讀書記」兩朱記。

元金華黄文獻公溍所著詩文全集二十五卷，爲《日損齋藁》，宋景濂爲之序，今已不存。世但有新舊兩本，舊本二十三卷，新本僅十卷而已，蓋明萬曆間温陵張維樞選而重刻者。凡涉釋道二氏之文，一概弗録，意欲闢異端、崇儒教，而不計其文之工拙，爲可噱也。玆本盛行於世，舊本遂至不絶幾如綫矣。予遍訪二十餘年，卒無一遇。歲庚子五月，乃得之吾友林鹿原寓齋，因假之歸，録其總目。其詩與文凡新本所刊落者，悉補入之，另爲一本。俟他日照目繕寫，俾復舊觀，不亦善乎。是以目校手鈔，亟卒其業，而不自覺其憊也。時庚子五月二十日，舒（本）〔木〕魯介夫識於千畝堂。

〔余老友舒木魯介夫訪《黄文獻公全集》二十餘年，始得〕閩中鹿原林氏藏本，乃按新刻中遺缺者，目校手書，另爲一册，後録其總目，以待依次繕寫，介夫之嗜古好學，可謂至矣。余從借觀，因照總目序次，命傭書人録鈔，四閱月而後卒業。缺者補，譌者正，初（者）〔稿〕、續稿，悉歸原部。介夫之有志未逮者，余代成之。他日攜至一枝軒中，對案披閲，亦一大快事也。雍正元年十月十九日，（刊）〔邗〕江蔣西圃識於京華寓齋。

圭齋集十五卷附録一卷　明刻本

元歐陽玄撰。

行狀不言年數。考《元史》本傳，年八十五，當生於宋咸淳十年甲戌，延祐二年乙卯賜同進士及第，時公年四十有二，始入官，卒於至正十七年，凡居官四十三年。據宋濂序，言公文集皆燬於兵火，是集不過辛卯至丁酉七年中所作，則是七十九歲至八十五歲作也。然開卷第一篇《(夫)〔天〕馬賦》即係登進士第試作，則知掇拾殘稿，隨其所得編入之，不盡七年中所作。此公學本空疏，手筆庸庸，是集又出兵燹之餘叢殘賸稿，且多係八十後衰耄所作，故無足觀。福位壽考，無一不備，又享大名，世所共推，聊存以備一家可耳。丙午五月西莊王鳴盛記，時年六十有五。

柳待制文集二十卷　松江謝氏鈔本

元柳貫撰。

皇清雍正七年歲次己酉，婁樂謝氏手鈔藏於尚論堂，共六本。

柳先生詩文，爲元人集中最上乘，不特世鮮元刻，即明初翻本亦爲今所甚珍。余近鈔宋元人文集，耑事校讐，目無善本，不獨鈔本多譌，即刻本亦難憑也。總於翻刻之頃，惟事矜功護短，不肯自認才學有限，以闕文疑譌留俟後人，以致含胡臆測，三寫成烏。前鈔《周益公集》中《詞科舊稿》，首序原鈔以「繇」音(寅)〔宙〕，爻辭。爲「繇」，新鈔改「繇」爲「由」，譌復轉譌，當吾手也。甲辰冬盡，秀水竹垞先生門下客周姓者，持《柳文肅公集》求售，據稱映鈔元板，閲之見字畫纖細，疑譌頗多。乙巳春臘，得彭城錢氏收藏明初翻本，又借金軺所藏國初翻刻本，兩較之下，慨夫一解不如一解，不獨今人不如古人也。頽靡不挽，誰使之然。因於暇日以繡水爲主，參之明初、國初，辨其筆畫，録其疑譌，以俟政高明，未必非明窗凈几一端也。宋蔚如跋。

揭文安公評先生文云，如老將統百萬兵，旗幟鮮明，戈甲焜煌，不見有（暗）〔喑〕嗚叱咤之嚴。余於己酉長夏，假宋蔚如兄家藏鈔本手自印寫，通得五百三十四紙，覺篇篇與文安之言吻合，非文安公不能定先生之文也。嗚呼，盡之矣。録竟，時雍正七年閏七月七夕日，書於杏花小樓，太倉謝浦泰心傳謹識。

乾隆乙卯春，從同榜蔣賓嵎館中得天順本《柳文肅公集》，已自詫爲希有，惜多中爛板，字跡糊塗。十五卷《慈惠庵記》後十三篇盡從缺如，是所憾也。兹八月十日，書船友（陳）〔鄭〕輔義攜是本來，係太倉謝星躔鈔本。觀其跋語，知是宋蔚如藏本傳録。蔚如蓋以影鈔元板爲主，而以他本輔焉者也。取與天順本彼此參對，不特字跡糊塗者十可補其八九，而且十五卷中所缺記文俱全，其餘之賴此校正者不可枚舉。以云影鈔元板，必子虚。行欵字數，刻本悉同，惟增附文十五則，刻本所無。《文肅集》得此本，當爲最善本。棘人黄丕烈識。

雁門集八卷 舊鈔本

元薩都剌撰。從成化張習刊本録出，有張習後跋。有「馬曰璐」、「臣星衍」、「孫伯淵」三朱記。

羽庭集六卷 舊鈔本

元劉仁本撰。有「世守陳編之家」、「老屋三間賜書萬卷」、「歙西長塘鮑氏知不足齋藏書」、「遺稿天留」諸朱記。

鹿皮子集四卷 舊鈔本

元陳樵撰。有「丹鉛精舍」、「勞格季言」諸朱記。

丁鶴年集四卷 舊鈔本

元丁鶴年撰。分《海巢》、《哀思》、《方外》三集，又《續集》爲第四卷，并有《附録》、《詩續》、《詩〔補〕》。有「知不足齋」、「遺藁天留」二朱記。

梧溪集七卷　舊鈔本

元王逢撰。

黄楊集六卷　淡生堂鈔本

元華幼武撰。有「淡生堂經籍記」、「曠翁手識」、「山陰祁氏藏書之章」三朱記。

南湖集六卷　舊鈔本

元貢性之撰。

潛溪集八卷　明嘉靖翻元本

明宋濂撰。有高節跋。

劉文成公詩鈔一卷　藍格舊鈔本

明劉基撰。分體鈔，有評點。

凫藻集五卷　舊鈔本

明高啟撰。

海叟集四卷 裘杼樓鈔本

明袁凱撰。

花谿集不分卷 舊鈔本

明沈夢麟撰。陸珩編，弘治癸丑彭韶序。

巖居藁八卷 明刻本

明華察撰。有「慶曾」、「紅豆齋考藏」、「漁洋」、「池北書庫收藏」諸朱記。

向嘗與學子論詩云，工於五言不必工於七言，工於古體不必工於近體。觀鴻山及唐《孟襄陽集》，可悟今人自古樂府、《古詩十九首》以下無不擬者，真妄人也。辛未十一月，漁洋山人。

何翰林集二十八卷 明嘉靖刻本

明何良俊撰。後有「嘉靖乙丑何氏香（嚴）〔巖〕精舍雕梓」兩行木記，下有「宮」、「商」、

「角」、「徵」、「羽」五字分號。

確庵文藁不分卷四册　舊鈔本

清陳瑚撰。

黄君受益以所購《確菴集》寄示，以余所藏本校之，互有異同。余所藏本有《聖學入門書》、《講義》、序記、書傳、墓誌表碑文、雜著，此皆無之，惟尺牘、象贊較余所藏本爲多。鈔本《開江書》、《築園》、《日記》，亦是本所無。《年譜》、《行寔》、《崇祀録》、《書院録》、《謚議》、《墓誌銘》，予亦無之。《從游集》皆及門諸子之作，先生嘗選刊同志之詩爲《離憂集》，與《從游集》並行，曾於友人處借鈔之，《從游集》未之見也。續得《頑潭詩話》二卷，又皆以詩紀事，與諸同人倡和之作，亦無刊本。當時詩文藁雖有刊本，無卷數，餘皆先生孫横山所手鈔，都係未定之本，故彼此參錯。惟西郊吕氏所藏最爲完善，後爲越中楊芸士所得。芸士没後，轉售海虞李升蘭孝廉，異(同)〔日〕當假而鈔之，補其所闕，以成全璧也。丁巳仲秋葉裕仁校斁記。

陳鐵莊文集不分卷　稿本

清陸楣撰。

臧拜經雜稿不分卷二十册　稿本

清臧庸撰。

總集類

李善注文選六十卷　元刻本

題梁昭明太子選，唐文林郎守太子右内率府録事參軍事集賢館直學士李善注，上奉政大夫同知池州路總管府事張伯顔助率重刻。半葉十行，行二十一字，大小字同。白口。末葉有「監造路吏劉晉英、郡人葉盛」一行。今缺卷一、卷二、卷七至十。汪士鐘舊藏。

六臣注文選六十卷　明嘉靖袁氏刻本

前有昭明太子撰序。李善《上文選注表》，國子監准敕節文、吕延祚《進五臣選注文選表》，上遣高力士宣口敕、（照）〔昭〕明太子序，後有「此集精加校正，絶無舛誤，見在廣都縣北門裴宅印賣」三行。卷三十後有「皇明嘉靖壬寅四月立夏日吴郡袁氏兩庚草堂善本雕」二行。卷四十後有「此蜀郡廣都縣裴氏善本，今重雕於汝郡袁氏之嘉趣堂，嘉靖丙午春日國朝改廣都縣爲雙流縣，屬成都府」四行。卷四十二後有「付抨板十四片，陸板五片，嘉靖丁未三月吴趣陸潮雕」。卷五十二後有「毋昭裔貧時常借《文選》不得，發憤曰：異日若貴，板鏤之以遺後學者。後至宰相，遂踐其言。出《揮麈録》」三行。卷五十六後有「戊申孟夏十三日李清雕」一行。卷六十後有「余家藏書百年見購鬻宋刻本《昭明文選》，有五臣、六臣、李善本、巾箱本、白文小字、大字殆數十種，家有此本，甚稱精善，而注釋本以六家爲優，因命工翻雕，匡郭字體，未少改易。始於嘉靖甲午歲，成於己酉，計十六載而完。用費浩繁，梓人艱集。今模搨傳播海内，覽兹册者毋曰開卷快然也。皇明嘉靖己酉春正月十六日吴郡汝南袁生褧題於嘉趣堂」。

增補六臣注文選六十卷　元大德刻本

目録次行題「梁昭明太子蕭統撰」，三行「唐李善、（吕用）〔李周〕翰、劉良、張（説）〔銑〕、（李）〔吕〕延濟、吕向註」，四行「茶陵陳仁子校補」。本書首行「文選卷第幾」，次行、三行同。目録無「陳仁子校補」一行，前有《諸儒議論》，題「大德己亥冬茶陵古迂陳仁子」，書末有「茶陵東山陳氏古迂書院刊」木記。半葉十行，行十八字，小十九字。白口。上有字數。缺卷十五、卷十六兩卷。

文苑英華殘本一百卷 宋刻本

宋李昉等奉敕編。半葉十三行，行二十三字。白口。板心上記字數，下有刻工姓名。原書一千卷，今存卷六百一至七百，凡一百卷。每卷後皆有「登仕郎胡柯鄉、貢進士彭叔夏校正」一行。有「晉府書畫之印」、「御府圖書」、「敬德堂章」、「子子孫孫永寶用」、「緝熙殿書籍」諸朱記。

聲畫集八卷 舊鈔本

宋孫紹遠編。

三蘇文粹七十卷 明刻小字本

不著編輯名氏。

東萊集注類編觀瀾文集七十卷　元刻本

宋林之奇編。

格齋四六南塘四六梅亭四六三種　宋刻本

宋王子俊、趙汝談、李劉撰。半葉十行，行十九字。白口。有「海虞毛表奏叔圖書記」、「汲古閣圖書記」、「東吴毛表圖書」、「奏叔」、「虞山毛氏汲古閣收藏」、「虞山毛表奏叔家圖書」、「毛奏叔氏」、「叔鄭後裔」、「乾學」、「徐健菴」諸朱記。

宋文鑑一百五十卷　明刻本

宋吕祖謙撰。弘治甲子胡拱辰序，又商輅序。有「黎陽」、「夢鷗仙館」兩朱記。

東萊先生古文關鍵二卷　明刻本

宋吕祖謙撰。

迂齋先生標注崇古文訣殘本十七卷　宋刻本

宋樓昉撰。半葉十一行，行二十一字。寶慶丁亥端月延平姚寶跋。原書三十五卷，今存卷一至十七。

文章正宗二十卷 宋刻本

宋真德秀撰。半葉十行，行二十字。白口。板心有大小字數。有「古吴蔣氏收藏」朱記。

吴都文粹十卷 舊鈔本

宋鄭虎臣撰。有「包子莊秘笈」朱記。

九僧詩一卷 舊鈔本

不著撰人名氏。有「席鑑之印」、「席氏玉炤」兩朱記。

西漢文鑑殘本十五卷 宋刻本

宋陳鑑編。巾(葉)〔箱〕本。半葉九行，行十八字。白口。原書二十一卷，今存卷二至四，卷六至十七。

西漢文鑑二十一卷東漢文鑑二十卷 明刻本

宋石壁野人陳鑑編。建陽京兆劉弘毅刊。口上有字數及刻工姓名。後有「龍飛嘉靖癸未京兆慎獨齋刊」兩行。

中州集十卷中州樂府一卷 舊鈔本

金元好問編。

草堂雅集十三卷 元刻本

元玉山顧瑛類編。半葉十行,行二十二字。卷一有《後集》二卷,卷二有《後集》一卷,卷九有《後集》一卷,寔十七卷也。所選始柯九思,終釋自恢,凡七十五人。《四庫》著録本首陳基,末釋自恢,凡七十四人,所謂流俗本也。卷首標目文國博手書,精楷絶倫。

東屏朱□□近得《玉山草堂詩集》若干卷,脱落散失,命余緝治。余因觀之,清絶可喜,故不辭而樂爲之。整循其次序,裝潢成書,以記歲月。時正統乙丑仲春下澣,玉峰七十五歲老翁金子真識。

《玉山草堂雅集》十三卷,爲家藏善本。卷首標目,出先國博府君,亦楷書之最精者。

友人錢受之、王淑士各借鈔一部，人間流傳未廣，猶可稱竺鄔帳中珍也。時天啟元年新正三日，淑士持還，因記語于清瑶嶼中，震孟。

此昭文張金吾家藏本也，《愛日精廬藏書志》云：「《草堂雅集》十三卷，元刻本，文氏竹隖藏書。始柯九思，終釋自恢，凡七十四人。卷首標目文國博手書，精楷絶倫。顧俠君敘柯敬仲詩云『向來藏書家奉《草堂雅集》爲秘寶，而首册久闕，朱竹垞從琴川毛氏得鈔本一册，始據以入選』云。此本元刊，而首册完善，是真絶無僅有矣。」後金氏、文氏二跋，俱與《藏書志》合。按《汲古閣書目》僅有鈔本，則刻本之希可知。胡雨棠明經好購異書，一生所積，汗牛充棟。其子斑從余游，頗能繼先人之業。今從吴中舊家得此刻本，將欲裝潢什藏，丐題於余，爰述其大略如此。時大清咸豐元年秋八月，七十老翁盧希晉書。

玉山名勝集不分卷 舊鈔本

元顧瑛編。

選詩補注八卷補遺二卷續編四卷　明刻本

元劉履撰。

唐律多（詩）〔師〕集十二卷　舊鈔本

不著編輯名氏。

東觀選要不分卷　舊鈔本

清石廷佐撰。有自序。

詩文評類

詩話總龜前集五十卷後集五十卷　舊鈔本

宋阮閱撰。

詞曲類

東坡樂府殘本一卷 影宋鈔本

宋蘇軾撰。存下卷。

稼軒長短句十二卷 影元鈔本

宋辛棄疾撰。小草齋影鈔元大德乙亥廣信書院本。有「晉安謝氏家藏圖書」、「東吴毛氏圖書」、「西河季子之印」、「平江貝氏文苑」、「簡香曾讀」諸朱記。

滄江虹月詞一卷 稿本

清汪初撰。仁和沈星（焯）〔煒〕題後。有無名氏跋。

京師圖書館藏歸安姚氏舊藏善本書目

目録

凡例

一、歸安姚氏咫進齋藏書，售歸京師圖書館。今輯《京師圖書館善本書目》中歸安姚氏藏書爲一編，以明原委。

二、京師圖書館善本書目，向有繆荃孫《清學部圖書館善本書目》，王懋鎔、江瀚、夏曾佑所編三部《京師圖書館善本簡明書目》，張宗祥《京師圖書館善本書目》，史錫永《京師圖書館善本書目録》等。各編以夏氏所編《京師圖書館善本簡明書目》流通最廣，較爲簡要。今據夏目輯録目中歸安姚氏舊藏善本爲一編。夏目詳著册數、存卷，可補舊輯姚目之未備。

三、夏目體例，凡書名卷數相同之書皆省作「又一部」。今輯目中前無同名者，則補全其書名卷數，而以括號注「（又一部）」於下。夏目間有案語，註明與繆荃孫《清學部圖書館善本書目》之異同。

四、凡夏目著録與後出之張宗祥《京師圖書館善本書目》、趙萬里《北平圖書館善本書目》

有異者，則以案語注於下，以「案」字抬頭，且低一格，以别夏目案語。

五、民國二十三年《國立北平圖書館館刊》第八卷刊有《本館善本書目新舊二目異同表》，詳列夏目、趙目二者異同。趙目多將歸安姚氏舊藏之本剔出善本書目，或提歸普通書庫，或另存重複書庫，或提入善本乙庫。凡此種種，亦加案語於末。凡《異同表》所稱「新刻書目」者，即指趙氏《北平圖書館善本書目》。

六、夏目未載、張目新增補之歸安姚氏書，今據張宗祥《京師圖書館善本書目》（上海圖書館藏鈔本）輯出，續補於末。

經部

易類

周易正義九卷略例一卷釋文一卷　歸安姚氏書

宋刊本　　五册

按前人書目所謂《周易正義》十卷者，包舉《略例》而言。繆目作《周易正義》十卷《略例》一卷，蓋失於檢點，兹依本書更正。

案此書與下書夏目皆著録作「宋刊本」，張宗祥《京師圖書館善本書目》改作「明永樂刊本」，並謂：「案以上二書原目作宋刊，歷來宋刊皆九行，無八行者，原目誤。」一九三四年《本館善本書目新舊二目異同表》：「此部書面有『清學部之印』，乃歸安姚氏故物。繆荃孫編《學部書目》作宋刻本，夏目因之未改。前京師圖書館張主任宗祥重編，見書尾近欄處有『永樂甲申歲刊』小字一行，遂改爲永樂刻本。下部亦同。」

周易正義九卷　歸安姚氏書

宋刊本。有「澹園之印」朱文方印、「醉茗齋書書記」朱文長印。

存七之九　四册

案張目著録作「明永樂刊本」，同上。《異同表》：「此亦永樂刻本。另存重複書庫。」

大易（輯）〔緝〕説十卷　歸安姚氏書

元王申子撰。舊鈔本。有「秀水朱氏潛采堂圖書」朱文方印。　四册

案張目：「案此書當是照大德本鈔録者，不精。」

周易本義集成十二卷　歸安姚氏書

元熊良輔撰。元至治二年刊本。　八册

周易參義十二卷　歸安姚氏書

元梁寅撰。元刊本。

存三之十　一册

易守二十二卷　歸安姚氏書

清葉佩蓀撰。舊鈔本。　八册

案《異同表》：「此部提歸普通書庫。」

書類

尚書要義二十卷　歸安姚氏書

宋魏了翁撰。傳鈔本。　十二册

按是書《四庫總目》所收祇十七卷，嗣阮文達得所佚三卷上之，於是二十卷復完。此本首尾具足，繆目誤作十七卷，今正。

案《異同表》：「此部提歸普通書庫。」

詩類

呂氏家塾讀詩記三十二卷　歸安姚氏書

宋呂祖謙撰。明刊本。

存一之六　十七　五册

案《異同表》:「此部提歸普通書庫。」

毛詩要義二十卷　歸安姚氏書　二十一册

宋魏了翁撰。影鈔本。有臨寫錢天樹、莫友芝跋。

按此書《四庫》未收。

案《異同表》:「此部提歸普通書庫。」

毛詩故訓傳三十卷　歸安姚氏書　四册

清段玉裁撰。家刻本。黄丕烈校,顧鳳藻過本。

案《異同表》:「此部提歸善本乙庫。」

韓詩外傳十卷　歸安姚氏書　八册

漢韓嬰撰。明刊本。第二葉未脱,最爲善本。

禮類

周禮六卷附考工記 歸安姚氏書 四册

明陳鳳梧刊經註本。清馬銓以明本《釋文》校訖，蔡孫峰臨校。

案《異同表》：「此部提歸普通書庫。」

周禮十二卷 歸安姚氏書 十二册

明繙岳本。

案《異同表》：「此部另存重複書庫。」

周禮正義四十二卷 歸安姚氏書 十五册

明李元陽刊《十三經》本。

存一之四十

案此書張目改作「明修監本」。《異同表》：「此部提歸普通書庫。」

儀禮註疏十三卷　歸安姚氏書　九册

明李元陽刊《十三經》本。

存三之六　八之十三

按此書繆目未載。

案此書張目卷數改作「十七卷」，且云：「前目作十三卷，誤。」《異同表》：「此部提歸普通書庫。」

禮記註疏六十三卷　歸安姚氏書　二十册

明汲古閣刊本。過惠棟校。

案《異同表》：「此部提歸普通書庫。」

雲莊禮記集說三十卷　歸安姚氏書　九册

元陳澔撰。明刊本。

存卷二　四之十　十二　十八

案《異同表》：「此部提歸普通書庫。」

春秋類

巾箱本左傳一百九十八葉　歸安姚氏書　八册

宋刊本

案張目定此本爲「明巾箱本」，且謂：「又按宋刊巾箱本上闌不作兩層，此爲明嘉靖間覆刊本，何屺瞻曾言之。」《異同表》曰：「此部書之上闌格式分爲兩層，前京師圖書館張主任宗祥依據何屺瞻之言，以宋刊無此式，改爲明刻本，新目遵之。」

春秋經傳集解三十卷　歸安姚氏書　八册

晉杜預撰。明繙宋本。

案《異同表》：「此部另存重複書庫。」

春秋經左傳句解七十卷　歸安姚氏書　二十四册

宋林堯叟撰。元刊本。有「棲雲樓」朱文腰圓印。

按此書《經義考》作四十卷，《四庫》所收僅有《左傳杜林合注》五十卷。

精選東萊先生博議句解二十五卷　歸安姚氏書

宋呂祖謙撰。元刊本。　四册

存一之八

案張目改卷數爲十六卷，並疑爲明刻，其案語謂：「按此書原目作二十五卷，係詳註本卷數，非本書卷數。今據瞿氏藏書志更正。又按此書有元刊本、明覆元本，此書『桓』皆作『威』，雖承宋刊之遺，但既無序文，字體又不見佳，元明之間，殊難得證。」《異同表》：「此實明刻，提歸普通書庫。」

左傳詁二十卷　歸安姚氏書

清洪亮吉撰。舊鈔本。　八册

案《異同表》：「以下三部提歸普通書庫。」此爲其一。

春秋公羊傳讞六卷　歸安姚氏書

宋葉夢得撰。舊鈔本。　二册

按《四庫》所收尚有《左傳讞》十卷、《穀梁讞》六卷，統名《春秋讞》。

案張目改書名卷數爲「《春秋三傳讞》二十二卷」，而著録存卷「存《公羊傳讞》六卷全」，且謂：「按《宋藝文志》

此書有三十卷，今爲二十二卷，《左傳》十卷，《公》、《穀》各六卷。原目作《公羊傳》，未當。」《異同表》：「以下三部提歸普通書庫。」此爲其一。

春秋穀梁注疏二十卷（又一部）　歸安姚氏書

宋十行本。此宋印。　四册

春秋集傳辨疑十卷附微指三卷　歸安姚氏書

唐陸淳撰。舊鈔本。據龔翔麟刻本寫。　四册

案《異同表》：「此部提歸普通書庫。」

春秋胡傳三十卷　歸安姚氏書

宋胡安國撰。宋刊巾箱本。紙印極精。

存一之四　十一、二　十四之十七　二十一二　二十五　十册

案張目定爲明刊本，謂：「按此書行款各家皆未著録，宋諱皆不避，寔明刊本。原目定爲宋刊本，誤。」《異同表》：「此實明刻，另存重複書庫。」

春秋集注十一卷　歸安姚氏書

宋張洽撰。宋刊大字本。　六册

存七之十一

按《四庫》所收尚有《綱領》一卷。

春秋通説　歸安姚氏書

宋黄仲炎撰。鈔本。　三册

按繆目云「國朝黄若晦撰」，此書罕見。按《直齋書録解題》云：《春秋通説》十三卷，永嘉黄仲炎若晦撰。《四庫提要》謂此書卷首有進書表及自序，此本不分卷序，亦佚，故繆氏以爲清人。

案《異同表》：「此部提歸普通書庫。」

春秋四傳三十八卷　歸安姚氏書

不著編輯者名氏。明刊本。　十册

按此書《四庫》存目。

總經類

六經雅言圖辨八卷 歸安姚氏書 六册

舊鈔本。原題莆陽二鄭先生。

按此書《四庫》未收。

六經三注粹鈔 歸安姚氏書 二十册

明許順義撰。明刊本。

存《書》《春秋》《禮記》《周禮》

按繆目作《四經三注鈔》，茲據《四庫提要》更正。

案《異同表》：「此部提歸普通書庫。」

六藝堂詩禮七編 歸安姚氏書 十二册

清丁晏撰。鈔本。

存《禮記釋注》四卷 《四禮釋注》二卷 《儀禮釋注》二卷 《詩考補注》三卷

案《異同表》:「此部提入善本乙庫。」

四書類

孟子注疏十四卷 歸安姚氏書 七册

明李元陽刊《十三經》本。

案《異同表》:「此部提歸普通書庫。」

孟子集注十四卷 歸安姚氏書 六册

宋朱熹撰。明經廠本。

案《異同表》:「此部提歸普通書庫。」

樂類

樂書正誤一卷 歸安姚氏書 一册

宋林子沖撰。影宋朱墨本。

案《異同表》:「此部提歸普通書庫。」

小學類

爾雅注疏十一卷 歸安姚氏書

宋刊本。有「吴興姚氏邃雅堂鑒藏書畫圖籍之印」。 八册

案張目定此本爲元刊本，謂：「案此書因楊聽臚跋中謂爲宋本，前目遂未細審其誤，今細檢其書，實無宋刊確證，『殷』、『匡』、『徵』、『胤』等字均未缺筆，補刊之頁極多。（補刊均係白口，間有墨塗之痕。）丁、瞿兩家所言元刊之本與此正同，今據之更正。」趙目著録作「明刻本」。

爾雅新義二十卷 歸安姚氏書

宋陸佃撰。舊精鈔本。有嘉定陳詩庭跋。 六册

按此書見《四庫未收書目》。

埤雅二十卷 歸安姚氏書

宋陸佃撰。明刊本。 三册

按繆目無此書。

以上訓詁類

説文解字十五卷　歸安姚氏書

明汲古閣本。有紅筆校語。　六册

案張目著録作「翻汲古閣本」。《異同表》：「以下五部提歸普通書庫。」此爲其一。

又一部　歸安姚氏書

刊本。有桂馥校籤，孟廣均跋。　六册

案《異同表》：「以下五部提歸普通書庫。」此爲其一。

又一部　歸安姚氏書

唐翰題。蕉安校藤花榭本。　六册

案《異同表》：「以下五部提歸普通書庫。」此爲其一。

説文繫傳四十卷　歸安姚氏書

南唐徐鍇撰。影汪氏宋本。有「宋印葆淳」白文小印。

存三十之四十　二册

按繆目誤作十二卷，兹更正。

案張目謂：「案此書較祁刻本頗有不同處，繆氏謂爲祁刻所從出，恐不盡然。」《異同表》：「以下五部提歸普通書庫。」此爲其一。

説文繫傳四十卷校勘記三卷　歸安姚氏書

祁刻宣紙初印本。　八册

按繆目無此書，江目有之。

案姚目未見。《異同表》：「以下五部提歸普通書庫。」此爲其一。

説文校議十五卷　歸安姚氏書

清嚴可均、姚文田同撰，孫星衍商訂。稿本。有朱筆校語。　一册

案姚目未見。張目謂：「案此書因有朱筆校語，前目均定爲稿本。細查校語，上多有冠以『穆案』二字者，當是石洲先生手校。惟已校者僅五卷，近角處校語多爲蟲蝕，殊可惜耳。」《異同表》：「以下三部提歸善本乙庫。」此爲其一。

說文解字考異三十卷　歸安姚氏書

清姚文田輯,嚴可均同纂。稿本。塗乙鈎勒,並夾細籤。　二十八册

案姚目未見。張目改爲十五卷,謂:「案此書係照《說文》原卷,每卷又分子卷,應作十五卷。原目作三十卷,誤。」《異同表》:「以下三部提歸善本乙庫。」此爲其一。繆荃孫《清學部圖書館善本書目》有案語一段,頗關此書掌故,録如下:

「同治壬申,荃孫在蜀,彦侍觀察招入幕中,出此初稿本,囑爲整理次第,交寫官另寫清本。荃孫寫成一分,又囑遵義鄭伯更知同爲之。伯更據後出之書增補甚多,彦侍不以爲然。伯更辭館,帶書而行,没於逆旅。彦侍寓蘇,至登上海報以覓此書。後彦侍堂弟藏此清稿,函交彦侍,彦侍大喜,將爲開雕而病歿。今兩稿具在,不勝存殁之感云。」

又一部　歸安姚氏書

清本。亦有朱筆校語。　二十八册

案姚目未見。張目亦改爲十五卷。《異同表》:「以下三部提歸善本乙庫。」此爲其一。

說文解字鏡十二卷　歸安姚氏書

清顧輯注以明刻《五音韻補》刻本,顧瞻手注於上,改題此名。　十二册

案《異同表》：「此部提歸普通書庫。」

説文解字義證五十卷 歸安姚氏書

清桂馥撰。精寫本。有朱筆校語。 四十九册

缺第十四一卷

案《異同表》：「此部提歸善本乙庫。」

歷代鐘鼎彝器款(式)〔識〕法帖二十卷 歸安姚氏書

宋薛尚功撰。明朱謀垔刊本。 四册

按繆目入金石類，兹依《四庫書目》移置於此。

案《異同表》：「新刻書目改置史部金石類。」

增修復古編二卷 歸安姚氏書

宋張有撰，吴均增補。舊鈔本。首有「錫山龍亭華氏珍藏」白文長方印、「世濟美堂項氏圖籍」朱文長印、「汲古閣」朱文小方印、「吴兔牀書(籍)〔籍〕印」朱文長印。 二册

按繆目未載增補人名。

案《異同表》：「此部提歸善本乙庫。」

龍龕手鑑四卷　歸安姚氏書　三册

遼僧行均撰。影宋鈔本。

續復古編四卷　歸安姚氏書　四册

元曹本撰。傳鈔本。

按此書見《四庫未收書目》。

案《異同表》：「此部提歸善本乙庫。」

六書正譌五卷　歸安姚氏書　五册

元周伯琦撰。元刊本。有「寒青閣圖書印」白文方印、「白鶴山樵」朱白文方印。

金石韻府五卷　歸安姚氏書　五册

明朱雲撰。明嘉靖朱印刊本。

按此書《四庫》未收，按《存目》有《廣金石韻府》五卷，《提要》云：「因明朱時望《金石韻府》而作，故曰『廣』。」或者此册已登秘府，而於編次之時佚之歟？繆目未載，江目入音韻之屬，兹移置於此。

摭古遺文二卷 歸安姚氏書

明李登撰。明刊本 一册

按此書《四庫》存目。

案《異同表》：「此部提歸普通書庫。」

以上字書類

新刊韻略五卷 歸安姚氏書

影寫元本。 三册

案《異同表》：「此部提歸普通書庫。」

古今韻會舉要三十卷 歸安姚氏書

元熊忠撰。明修補元刊本。 三十二册

按以下書四部繆目均未載。

又一部　歸安姚氏書　十六册

精鈔本。

案《異同表》：「此部提歸普通書庫。」

毛詩古音考四卷　歸安姚氏書　四册

明陳第撰。明鈔本。

案《異同表》：「此部提歸普通書庫。」

以上韻書類

史部

正史類

史記一百三十卷（又一部）　歸安姚氏書　二十册

宋裴駰集解，唐司馬貞索隱，張守節正義。明秦藩刊本。

漢書一百二十卷（又一部）　歸安姚氏書　二十八册

明刊本。

按繆目不載此書，江目有之。

案《異同表》：「新刻書目作明德藩刻本。」

新斠漢書地理志十六卷　歸安姚氏書　四册

清錢坫原刻本。徐松朱墨筆校補。

案《異同表》：「此部提歸善本乙庫。」

晉書載記十一卷　歸安姚氏書

明刊本。　七册

按此書繆目未載。

案張目著録作「晉書一百三十卷」，並謂：「案原目作《晉書載記》十一卷，查載記單行本各家皆未著録，今更正之。」又《異同表》：「此部提入普通書庫。」

魏書一百十四卷（又一部）　歸安姚氏書

宋刊蜀大字本。行款同前。有缺葉。　四十册

案張目著録作「宋刊元明遞修本」。趙目著録作「宋刻明印本」。

隋書八十五卷（又一部）　歸安姚氏書

元刊本。　二十册

北史一百卷（又一部）　歸安姚氏書

元刊本。首册配明萬歷本。 十六册

存紀全　傳一之十五　四十三之八十八

按繆目謂此書完全，江目所記與現存卷數相合。

案此本已經拆配。張目：「案以上五部與《南史》明覆元本相同，前目亦皆作元刊本，且多移配在元刊中，今分之。將來裝訂時，擬將此五部剔去萬歷監本，合爲一部，則僅缺三十、三十一、二及三十五、六五卷。板本既一例，書之大小亦復相差無幾，似較配入元本爲妥。」《異同表》：「以下七部均爲雜配本，經前京師圖書館張主任宗祥補入清内閣殘本，計八十五卷，分配爲八部。新刻書目據以編訂六部，餘二部另存重複書庫。」

唐書二百二十五卷　歸安姚氏書

宋歐陽修、宋祁撰。宋刊明補本。 四十八册

按繆目云宋刊本，江目亦然。

又一部　歸安姚氏書

南監元本。 八十册

又一部　歸安姚氏書

南監黑口本。印有補版。　三十册

案張目著録作元刊明補本，且謂：「案此書向作南監黑口本，其實即元大德建康路刊本而屢加修補者也。」《異同表》：「此部另存重複書庫。」

五代史記七十五卷（又一部）　歸安姚氏書

元刊大德本。

存四十三之六十六　八册

按「六十六」，繆目作「六十八」，江目亦作「六十六」。

案《異同表》：「此部另存重複書庫。」

又一部　歸安姚氏書

明汪文盛刊本。高瀫、傅汝舟校。　十二册

案《異同表》：「新刻書目作明嘉靖刻本。」

遼史拾遺二十四卷續三卷　歸安姚氏書

清厲鶚撰。舊鈔本。　十册

按繆目誤作「《續》五卷」，江目同。

案張目：「案《拾遺續》曾爲汪氏振綺堂刊行，改名《拾遺補》，頗有增竄。著録家不見原稿，故皆以爲五卷，其實此書列歐自序，亦僅三卷。」《異同表》：「新刻書目稱知不足齋鈔本。」

編年類

元經十卷　歸安姚氏書

隋王通撰。明藍格舊鈔本。　三册

資治通鑑二百九十四卷　歸安姚氏書

宋司馬光撰。宋刊本。有「汪印士鐘」白文、「閬原（珍）〔真〕賞」朱文小方聯珠印。

存二十二之三十六　五册

按繆目存一之三十六，江目存二十之三十八。

通鑑外紀十卷　歸安姚氏書

宋劉恕撰。舊鈔本。　十二册

按此書繆目未載，江目有之。繆目以下各書排次多與時代不合，兹依《四庫書目》爲之釐正如左。

案《異同表》：「此部提歸普通書庫。」

資治通鑑綱目五十九卷　歸安姚氏書

宋朱熹撰。宋刊本。前序及卷一鈔配，亦缺一葉，刊印俱精。有「菉竹堂藏書」朱文大長方印。

存一之三十一　三十三之三十九　四十一之五十九　五十七册

按繆目不云缺三十一卷及四十卷。

又一部　歸安姚氏書

明刊本

存十三　十五、六　三册

按繆目無以下三部。

案《異同表》：「此部另存重複書庫。」

大事記十二卷解題十二卷　歸安姚氏書

宋呂祖謙撰。明刊黑口本。

存二之十二　《解題》全　二十六册

此書繆目入史評類，兹依《四庫書目》移置於此。

案張目著録存「卷三之十二、《解題》全」，且謂：「原目未細檢，致誤第三卷爲第二卷，實則三卷第一頁尚缺半頁，而《解題》卷七亦僅存二十頁，卷八首尾皆有缺頁，存中間十六頁而已。」《異同表》：「此書另存重複書庫。」

皇朝編年備要三十卷　歸安姚氏書

宋陳均撰。影宋精鈔本。有錢大昕跋。　十二册

通鑑續編二十四卷（又一部）　歸安姚氏書

元刊本。有至正二十二年歲次壬寅叢桂堂識。　二十四册

紀事本末類

通鑑紀事本末四十二卷 歸安姚氏書

宋袁樞撰。宋刊大字本。 五十二册

案《異同表》:「此即新刻書目之第三部。」

別史類

隆平集二十卷 歸安姚氏書

宋曾鞏撰。明刊本。有「怡府世寶」朱文大方印。

存一之六　十三之二十 六册

按繆目「十三」誤作「三十」。

案《異同表》:「此部提歸普通書庫。」

古史六十卷　歸安姚氏書

宋蘇轍撰。宋刊本。列傳三十三之三十七五卷係鈔配。　十六册

案《異同表》:「此二部另存重複書庫。」此爲其一。

又一部　歸安姚氏書

宋刊本。

存世家十五之十六　列傳一之十七　二十七之三十　七册

按繆目未記現存卷數。

案《異同表》:「此二部另存重複書庫。」此爲其一。

通志二百卷(又一部)　歸安姚氏書

元至治二年刊本。舊印。　一百二十册

案《異同表》:「以下十部,清内閣大庫書八部,歸安姚氏書二部,除姚氏一部一百二十册爲完全外,其餘皆以殘本雜配成部,新刻書目將雜配各部加以整理,編配四部,餘皆另存重複書庫。」

又一部　歸安姚氏書

明刊本。

存一之九十八　一百之一百二十四　一百二十七之一百五十二　七十三册

案張目著録作「元刊明修本」，且謂：「案以上兩部夏目作明刊本，而第一部有重卷一百二十五、六兩卷，今更正之。且將重卷配入第二部。（凡夏目有重卷者，比配入别部。）」所言第二部者，即姚氏此本。配入重卷一百二十五、六兩卷後，卷數改爲「存之九十八，一百之一百五十二」，册數改爲「七十四册」。趙目改作「元刻明印本」。

契丹國志二十七卷　歸安姚氏書

宋葉隆禮撰。舊鈔本。　二册

孝宗實録二百二十四卷（又一部）　歸安姚氏書

緑格舊鈔本。

存弘治二年六月止，以下缺。　八册

案《異同表》：「此部另存重複書庫。」

雜史類

國語二十一卷 歸安姚氏書

明刊本。過録顧廣圻校天聖本。 二册

又一部 歸安姚氏書

校本。過段玉裁校，有顧廣圻跋。 四册

案《異同表》：「此部提歸善本乙庫。」

國語二十一卷附古文音釋 歸安姚氏書

明徐宗魯刊本。 十册

案《異同表》：「新刻書目作明嘉靖本。」

南燼紀聞録二卷 歸安姚氏書

原題宋辛棄疾撰。舊鈔本。 一册

按《四庫存目》有《靖康蒙塵録》提要云：「與世所傳《南燼紀聞》文多相同，蓋坊賈改易其名以欺世者。」

案《異同表》：「此本提歸普通書庫。」

平宋録三卷　歸安姚氏書　一册

舊題元平慶安撰。舊鈔本。有「雪苑宋氏蘭揮藏書記」朱文長印。

案張目改撰人爲「元劉敏中撰」，且謂：「案此書原目作『平慶安撰』，今據《提要》更正。」《異同表》：「此部新刻書目名《新刊大元混一江南實録》。」

謨烈輯遺二十卷　歸安姚氏書　首册不列卷數　八册

明魯府輯本。癸丑年九月十五日印。有「明善堂覽書畫印記」白文長方印、「安樂堂藏書記」朱文長方印。

按此書繆目入傳記類，兹按所輯多屬雜史，改入此類。

酌中志略不分卷　歸安姚氏書　三册

明劉若愚撰。舊鈔本。

案《異同表》：「以下五部提歸普通書庫。」此爲其一。

酌中志餘不分卷　歸安姚氏書

一册

不著撰人名氏。舊鈔本。

按《四庫》未收，即《東林點將録》及《逆案》之合鈔本。

案《異同表》：「以下五部提歸普通書庫。」此爲其一。

劫灰録附録別集　歸安姚氏書

六册

珠江寓舫記。舊鈔本。此即馮甦滇黔筆記之別本。

按《四庫》雜史存目有《見聞隨筆》二卷，即此書。

案《異同表》：「以下五部提歸普通書庫。」此爲其一。

荒書一卷　歸安姚氏書

一册

清費密編。舊鈔本。紀明末蜀事。

按此書《四庫》未收。

案《異同表》：「以下五部提歸普通書庫。」此爲其一。

詔令奏議類

金陀粹編二十八卷續三十卷 歸安姚氏書 十六册

宋岳珂撰。明繙宋本。

案《異同表》：「新刻書目作元刻明印本。」

以上名人

高士傳三卷附虞般佐高士傳一卷 歸安姚氏書 一册

魏嵇康撰。清周世敬輯。舊寫本。

案《異同表》：「此部提歸普通書庫。」

紹興十八年同年録　歸安姚氏書　二册

精鈔本。有「璜川吴氏收藏圖書」朱文方印。

十朝名臣言行録四十卷　歸安姚氏書　二十四册

宋刊本。有「怡親王寶」朱文方印。二十四卷後有缺葉。

元朝名臣事略十五卷　歸安姚氏書　六册

元蘇天爵撰。傳鈔本。

案《異同表》：「此二部提歸普通書庫。」此爲其一。

中州人物志十六卷　歸安姚氏書　六册

明朱睦㮮撰。隆慶刊本。

按以下三書《四庫》均未收。

以上總録

史鈔類

東西漢詳節三十卷 歸安姚氏書

宋刊本。眉上標事題，首行「眉山先生東漢叙録」，次行「唐庚子西纂」。有「揭印傒斯」朱文方印。極佳。卷尾又作「吕大著點校，三劉互注」。

存一之八　十九之三十　十四册

按此書《四庫》未收。

案《異同表》：「以下三部另存重複書庫。」此爲其一。

十七史詳節二百七十卷（又一部） 歸安姚氏書

元刊小字本。

存史記二十卷　一之七　十五之二十

西漢三十卷　一之二十五　二十八之三十

東漢三十卷全

三國志二十卷全
晉書三十卷全
北史二十八卷全
隋書二十卷全
南史二十五卷　一　三之二十五
唐書六十卷　一之九　十一之六十
五代史十卷全

一百十六册

案《異同表》：「以下三部另存重複書庫。」此爲其一。

歷代史鈔不分卷　歸安姚氏書

不著編輯者名氏。舊鈔本。　八册

按以下三書《四庫》均未收。

案《異同表》：「此部提歸普通書庫。」

史鉞二十卷　歸安姚氏書　十册

明晏璧撰。嘉靖刊本。有白文「明善堂覽書畫印記」。

按此書繆目入史評類,兹考其體例,實係類鈔,改隷於此。

案《異同表》:「此部提歸普通書庫。」

輿地類

三輔黄圖六卷　歸安姚氏書　一册

不著撰人名氏。明刊本。

按此書版本與下一部明刊黑口本相同,繆目作元刊,似誤。

又一部　歸安姚氏書　二册

明刊黑口本。

案《異同表》著録姚氏舊藏《三輔黄圖》兩部曰:「此二部新刻書目入本類雜志之屬,又第二部新刻書目作明弘治刻本。」

以上宫殿

輿地總圖二册 歸安姚氏書

不著撰人名氏。明精鈔本。圖表均極精。 二册

按此圖《四庫》未收。

案《異同表》："此部提歸普通書庫。"

以上總志

新安志十卷 歸安姚氏書

宋羅願撰。乾隆刻本。據影宋本校。 四册

咸淳臨安志一百卷 歸安姚氏書

宋潛説友撰。舊鈔本。有「臣弘謀印」白文、「榕門」朱文兩大方印，「張(篆)(象)字元健」朱文方印，「師子林舊主人」朱文長方印，又有「汪士鐘讀書」朱文小長方印。

存一之六十三　六十五之八十九　九十一之九十七 四十册

明順天府志六卷　歸安姚氏書　十二册

明沈應文修。萬歷癸巳刊本。

按此書《四庫》未收。

宣府鎮志四十二卷　歸安姚氏書　十二册

明孫世芳修。嘉靖刊本。

按此書《四庫》未收。

案《異同表》：「此部新刻書目編入本類邊防之屬。」此條王懋鎔、江瀚、史錫永目作「清内閣書」，即内閣大庫藏書，或非歸安姚氏書。

欽定日下舊聞考一百二十卷　歸安姚氏書　三十六册

清高宗敕撰。舊寫本。

案《異同表》：「此部提歸善本乙庫。」

以上都會郡縣

水經注四十卷　歸安姚氏書

魏酈道元撰。明嚴氏刻鍾譚評本。另有朱筆標何焯校本。　五册

案《異同表》:「此部提歸普通書庫。」

水經注釋四十卷　歸安姚氏書

清趙一清撰。舊鈔本。有「拜經樓吴氏藏書」朱文方印、「愚谷」白文圓印。　十册

案《異同表》:「此部提歸善本乙庫。」

以上山川

武林舊事六卷　歸安姚氏書

宋周密撰。明刊本。　二册

西事珥八卷　歸安姚氏書

明魏濬撰。舊鈔本。有「舊史徐釚」白文方印、「菊莊徐氏藏書」朱文長方印。　二册

以上瑣記

山海經圖讚　見子部小説類

職官類

唐六典三十卷　歸安姚氏書

唐玄宗御撰，李林甫註。明刊本。　十册

按繆目、江目均只立政書一類，今依《四庫》例，取《唐六典》以下四種別隸職官類中。

此書繆目未收，江目有之。

案《異同表》：「此部另存重複書庫。」

五代會要三十卷　歸安姚氏書

宋王溥撰。舊鈔本。乾隆甲寅華潛重訂。

案《異同表》：「此部提歸普通書庫。」

文獻通考詳節　歸安姚氏書

不著撰人名氏。舊鈔本。　八册

案《異同表》：「此部提歸普通書庫。」

以上通制

太常因革禮一百卷 歸安姚氏書

宋蘇洵撰。舊鈔本。原缺五十一之六十七卷。六册

此書見阮文達《四庫未收書目》。

案《異同表》：「以下四部提歸普通書庫。」此爲其一。

紀年鴻史十二卷 歸安姚氏書

不著撰人名氏。明鈔本。卷首序稱「兄典曰」、「則甫書」，不知其何姓也。有白文「禦兒留良」印。

存一之六　九之十二　三册

按此書《四庫》未收，繆目亦不載，江目隸入編年類。今查書原體例，改列於此，並記存卷。

案《異同表》：「以下三部提歸普通書庫。」此爲其一。

以上邦計

故唐律疏議三十卷　歸安姚氏書

唐長孫無忌等撰。舊鈔本。有「嚴長明校藏印」朱文長印、「師竹齋藏」朱文小長印。孔繼涵題記。　五册

以上法令

目録類

秘書省續編二卷　歸安姚氏書

鈔本。師石山房過録。　一册

按此書繆目未記，江目有之。

案《異同表》：「以下三部提歸普通書庫。」此爲其一。

國史經籍志五卷　歸安姚氏書　五册

明焦竑撰。舊鈔本。

案《異同表》：「以下三部提歸普通書庫。」此爲其一。

千頃堂書目三十二卷　歸安姚氏書　十六册

清黄虞稷撰。咫進齋鈔本。姚覲元手校。

按繆目作二十二卷。

案《異同表》：「以下三部提歸普通書庫。」此爲其一。

曹楝亭書目三册　歸安姚氏書　三册

清曹寅撰。舊鈔本。有「曾在當湖胡篴江家」朱文長方印。

案《異同表》：「此部提歸善本乙庫。」

江蘇採輯遺書總目二册　歸安姚氏書　二册

清高晉等編。傳鈔本。

案《異同表》：「此部提歸普通書庫。」

孫氏祠堂書目四卷　歸安姚氏書　二册
清孫星衍撰。舊鈔本。
按繆目題作《平津館書目》。
案《異同表》:「此部提歸善本乙庫。」

金石類

隸釋十九卷　歸安姚氏書　六册
宋洪适撰。舊寫本。
按繆目作二十卷。
案《異同表》:「此部提歸普通書庫。」

二王帖三卷　歸安姚氏書　四册
宋許開編。清康熙年俞良貴刊本。歸安姚衡跋。

寶刻叢編二十卷　歸安姚氏書　六册

宋陳思纂。舊鈔本。

按繆目題作《寶刻類編》，不知撰人名氏。江目所記與此相同。

金薤琳琅二十卷　歸安姚氏書　四册

明都穆撰。精鈔本。有「蕭爽齋書畫記」朱文長方印、「朱敷之印」白文、「西村」朱文兩小方印，又兩大方印。

案《異同表》：「以下三部提歸普通書庫。」此爲其一。

金陵古金石考一卷　歸安姚氏書　一册

明顧起元撰。舊鈔本。有「江恂私印」白文、「于九」朱文方印、「蠅鬚館珍藏書畫印記」朱文長印。

歷代鐘鼎彝器款（式）〔識〕法帖　見經部小學類字書之屬

史評類

皇朝大事記九卷中興大事記四卷　歸安姚氏書

宋呂中撰。明藍格鈔本。有「黄虞稷」白文方印、「園客」朱文聯珠方印，「慕齋（監）〔鑒〕定」朱文圓印，「宛平王氏家藏」白文方印，「燕趙胡茨村氏藏書印」白文大方印，「愛日精廬藏書」朱文方印，「士禮居藏」朱文長印。有黄虞稷跋。　十册

子部

儒家類

荀子二十卷　歸安姚氏書

周荀況撰，唐楊倞註。宋刊《四子纂圖互注》本。　六册

案張目定爲「纂圖互注元刊本」，且謂：「按此書原出宋書肆所刻而爲元人繙雕者，故前目與《楊子法言》、《文中子》等皆作爲宋刊。其實《楊子法言》宋刊原本尚在人間。《五聲十二律圖》中『徵』字有一處缺筆，而此書不然，足證元繙，實非宋刊。」趙目依張氏説，著録作「元刻本」。

新書十卷　歸安姚氏書

漢賈誼撰。明刊本。　四册

案《異同表》：「此部新刻書目名《賈長沙集》。」

說苑二十卷（又一部）　歸安姚氏書　八册

明刊本。首二卷係鈔補。

說苑新序合刻三十卷　歸安姚氏書　六册

明刊本。

案《異同表》：「此部提歸普通書庫。」

揚子法言十卷　歸安姚氏書　四册

漢揚雄撰，宋司馬光集注。宋刊《四子纂圖互注》本。

案張目定爲「纂圖互注元刊本」，同前《荀子》之例，且謂：「按此書宋刊本出坊間，實多訛字。今此書悉照宋刊覆雕，惟宋諱不避，略有異耳。」趙目依張氏説，著録作「元刻本」。

又一部　歸安姚氏書　三册

明刊本

案《異同表》：「此部提歸普通書庫。」

文中子中說十卷　　四册

隋王通撰，宋阮逸注。宋刊《四子纂圖互注》本。

案此書夏目不標出處，江目、張目、史目著爲歸安姚氏書。張目定爲「纂圖互注元刊本」，同前《荀子》之例。趙目依張氏説，著録作「元刻本」。

又一部　歸安姚氏書　　二册

明刊本。

新刊分類近思録十四卷　歸安姚氏書　　四册

宋朱熹、吕祖謙同撰。宋刊巾箱本。

存七之十

案史目定作「明刊仿宋巾箱本」，趙目著録作「明刻本」。

兵家類

兵要望江南詞一卷　歸安姚氏書　　一册

唐易静撰。舊鈔本。有「當湖小重山館胡氏篴江珍藏」朱文長方印。

按此書《四庫》兵家存目。

案《異同表》:「此部提歸普通書庫。」

虎鈐經二十卷　歸安姚氏書　四册

宋許洞撰。元鈔本。用大德公事紙鈔。有「晉陽家藏」朱文方印、「天籟閣」朱文長印、「竹垞」朱文方印、「(花)〔華〕山馬仲安家藏善本」朱文方印、「鞠農」白文小長印、「吴翌鳳家藏文苑」白文長印。

案張目著録作「舊鈔本」,且謂:「按此書所用紙皆屬明人來往書啟,上欵多爲「秋野」,諒係一家之物,用以鈔書者,間有哀啟紙一二頁。前目作爲元大德公事紙,誤。」趙目著録作「明鈔本」。

醫家類

肘後備急方八卷　歸安姚氏書　八册

晉葛洪撰。明刊本。有「袁又愷藏書」朱文方印、「五硯樓圖書」朱文大長方印。

大德重校聖濟總録二百卷　歸安姚氏書

宋徽宗敕編。元刊本。

存六十五、六　七十一　九十三　一百五十　四册

按《四庫》所收惟有《聖濟總録纂要》二十六卷。

案《異同表》:「此部配入卷二下、卷一百五十,即新刻書目『存六卷』之一部。」

大觀本草三十卷　歸安姚氏書

宋唐慎微撰。宋刊本。圖亦甚精。

存十二　十三　一册

案《異同表》:「此部另存重複書庫。」

政和經史證類備用本草三十卷　歸安姚氏書

宋唐慎微撰。元刊本。刻印絶精。　二十四册

類證普濟本事方十卷 歸安姚氏書

宋許叔微撰。舊鈔本。有「韓印之圻」白文、「禮春」朱文兩方印，「古柏山房」朱文方印。

二册

案《異同表》：「以下兩部提歸普通書庫。」此爲其一。

外科集驗方一卷 歸安姚氏書

楊清叟編。明刊本。有「怡府世寶」朱文方印，明善堂、安樂堂兩印。

按以下三種《四庫》均未收。

秘傳外科方一卷

明刊本。

仙授理傷續斷方一卷

舊題藺道者所傳。明刊本。

以上三種共三册

術數類

觀象玩占五十卷 歸安姚氏書

舊題唐李淳風撰。明鈔紅格本。 二十册

按以上二書《四庫》術數類存目。

案《異同表》：「此部提歸普通書庫。」

玄珠密語十七卷 歸安姚氏書

舊題唐王冰撰。舊鈔本。黄丕烈跋。有「武林高深甫妙賞樓藏書」朱文長印、「曾藏汪閬源家」朱文長印、「士禮居」白文方印。 四册

景祐乾象新書三十卷拾遺十卷 歸安姚氏書

宋楊惟德等撰。明鈔綿紙藍格本。有「何印元錫」白文、「夢華館藏書印」白文兩方印，「李兆洛」白文方印。 三十二册

按此書《四庫》未收，繆目入天算類，兹以所記均屬占驗，改録於此。

天文秘書不分卷　歸安姚氏書

不著撰人名氏。舊鈔本。　二十册

按此書《四庫》未收，繆目入天算，兹以記載占候，改列於此。

案《異同表》：「以下三部提歸普通書庫。」此爲其一。

以上占候

太乙統宗寶鑑二十卷　歸安姚氏書

明吴珫撰。舊鈔本。　六册

此書《四庫》術數類存目。

以上陰陽五行

藝術類

宣和畫譜二十卷 歸安姚氏書

不著撰人名氏。刊本。 四册

案《異同表》：「以下三部提歸普通書庫。」此爲其一。

書畫史二卷 歸安姚氏書

宋米芾撰。明翻宋本。摹印極精。 四册

案《異同表》：「以下三部提歸普通書庫。」此爲其一。

書學會編十四卷 歸安姚氏書

明黄瑜集編。天順壬午刊本。内分《法帖釋文》十卷、《書史》一卷、《法帖刊誤》二卷、《法帖譜集》一卷。 四册

按《四庫》藝術類存目，《提要》云譌脱不可讀。

案張目改爲四卷，且謂：「案此書第一卷爲劉次莊《法帖釋文》十卷，第二卷爲米芾《書史》一卷，第三卷爲黄伯思《法帖刊誤》二卷，第四卷爲曹士冕《法帖譜系》一卷，故前目誤爲十四卷。」趙目遵之，改作四卷。

譜録類

考古圖十卷　歸安姚氏書

宋吕大臨撰。元刊本。　四册

按《四庫》所收尚有《續考古圖》五卷《釋文》一卷。

案《異同表》「以下三部新刻書目入史部金石類。」此爲其一。

至大重修宣和博古圖録三十卷　歸安姚氏書

宋王黼撰。元刊大字本。有「孫印星衍」白文方印、「繡衣執法大夫印」白文方印。　十五册

案張目著録作「明嘉靖翻元本」，且謂：「案此書行欵雖與元刊同，書中不同之處甚多，前目亦誤爲元刊。」《異同表》：「以下三部新刻書目入史部金石類。又《宣和博古圖録》之第一部，新刻書目作明嘉靖刻本。」

雜家類

呂氏春秋二十六卷　歸安姚氏書

秦呂不韋撰。元刊本。有「周印良金」朱文方印、「毗陵周氏九松迂叟藏書記」朱文長方印。　十二册

淮南鴻烈解要略間詁二十八卷　歸安姚氏書

漢淮南王劉安撰，高誘註。舊鈔本。有「蕘圃手校」朱文大方印、「士禮居藏」白文方印。　四册

按蕘圃跋云《淮南子》世有二本，一爲二十一卷，出於宋本。一爲二十八卷，出於《道藏》。按《四庫》所收爲二十一卷，此本則出於《道藏》者也。

劉子二卷　歸安姚氏書

北齊劉晝撰。影鈔宋本。首有「石研齋秦氏印」朱文長方印。　二册

按《四庫總目》作十卷。

案《異同表》:「此部提歸普通書庫。」

顏氏家訓二卷　歸安姚氏書　二册

隋顔之推撰。明程伯祥刊本。

長短經九卷　歸安姚氏書　四册

唐趙蕤撰。舊鈔本。後有「杭州淨戒院新印」七字。

以上雜學

白虎通德論二卷　歸安姚氏書　四册

漢班固撰。元刊本。

按《四庫總目》作四卷,繆目作明刻本。

案張目著録作「明刊本」,且謂:「案此書繆目不誤,夏目誤爲元刊。」《異同表》:「此部新刻書目作明刻本。」

芥隱筆記一卷　歸安姚氏書

宋龔頤正撰。舊寫本。有「湘城九霞野逸龔文照紫筠堂藏書」白文長印，「文照之印」白文、「野夫所藏」朱文連珠小方印。　一册

案《異同表》：「以下七部提歸普通書庫。」此爲其一。

困學紀聞二十卷　歸安姚氏書

宋王應麟撰。清乾隆馬曰璐刊本。錢大昕校語，瞿中溶録於書眉。　六册

考訂困學紀聞集證二十卷　歸安姚氏書

十箋本。香山黄培芳校。　十二册

案《異同表》：「以下七部提歸普通書庫。」此爲其一。

以上雜考

論衡三十卷　歸安姚氏書

漢王充撰。通津草堂刊本。有「洛下王孫世家」朱文方印、「陸氏子㟭」白文方印、「飛

雲閣」朱文圓印、「松窗小隱」朱文方印。　十四册

案《異同表》：「以下七部提歸普通書庫。」此爲其一。

封氏〔見聞〕〔聞見〕記十卷　歸安姚氏書

唐封演撰。舊鈔本。　一册

吹劍録不分卷　歸安姚氏書

宋俞文豹撰。舊鈔本。有「高銓之印」白文、「固叟」朱文兩方印。　二册

按《四庫》入雜家存目。

霏雪録一卷　歸安姚氏書

明鎦績撰。舊鈔本。　一册

棗林外索三卷　歸安姚氏書

清談遷撰。舊鈔本。　三册

按此書《四庫》未收。

案《異同表》：「以下七部提歸普通書庫。」此爲其一。

以上雜説

紺珠集十三卷　歸安姚氏書

不著撰人名氏。舊鈔本。　四册

案《異同表》：「以下七部提歸普通書庫。」此爲其一。

以上雜纂

傳是樓彙鈔十一種　歸安姚氏書

明李東陽等撰。舊鈔本。　五册

按此書《四庫》未收。

案《異同表》：「此部新刻書目名《國朝典故》，即『存十一種二十四卷』之一部。」

以上雜編

類書類

藝文類聚一百卷　歸安姚氏書

唐歐陽詢撰。明胡纘宗刊本。陸采跋。清同治間杭州譚獻借陳氏帶經堂馮巳蒼、錢求赤校本過録於胡本上。　二十册

大唐類要一百六十卷　歸安姚氏書

唐虞世南撰。藝海樓鈔本。朱筆校。有莫友芝、丁日昌二記。　二十四册

按《四庫總目》未收，《曝書亭集》云即虞氏《北堂書鈔》，今世所行者出陳禹謨删補，盡失其舊，《類要》大略出於原書。

初學記三十卷　歸安姚氏書

唐徐堅等撰。明項氏刊本。有「華山馬仲安〔家〕藏〔書記〕〔善本〕」朱文方印、「金星軺藏書記」朱文長方印。　三十二册

案《異同表》：「以下二部提歸普通書庫。」此爲其一。

元和姓纂十卷　歸安姚氏書　五册

唐林寶撰。舊鈔本。

按繆目無此書，江目有之，《四庫總目》作十八卷。

案《異同表》：「以下二部提歸普通書庫。」此爲其一。

太平御覽一千卷　歸安姚氏書　一百册

宋李昉等撰。明藍格寫本。有日本人印。

册府元龜一千卷（又一部）　歸安姚氏書

明鈔彙萃本。

存六百〇七之七百〇五　七百〇九之七百十六　七百三十三之七百三十六　七百四十一　七百五十七之七百六十　八百〇一、二　八百〇七之八百一十　八百十三、四　八百六十六之八百七十五　九百三十四、五　九百三十九　九百四十三　九百四十

八、九　九百五十七之九百六十六　十四册

案《異同表》：「此部即新刻書目『存五十六卷』之一部。」

事物紀原十卷　歸安姚氏書

宋高承撰。明刊本。照宋本校過，首卷係鈔補。　十册

按此書繆目收入雜家類，兹依《四庫總目》改編。

書叙指南十二卷　歸安姚氏書

宋任廣編。明嘉靖刊本。有「錢氏叔寶」白文方印。黄丕烈跋。　四册

按此書繆目誤入藝術類，兹依《四庫總目》更正。

錦繡萬花谷前集四十卷後集四十卷　歸安姚氏書

不著撰人名氏。宋刊本。鈔配。

存《前集》目録二册　一之八　十一之十九　二十一之二十五　二十九　三十一之三十三

十三　三十五之四十　《後集》二之三十七　四十三册

按《四庫總目》尚有《續集》四十卷。

案《異同表》：「此部補入《别集》卷二十四，現存六十卷。」

山堂先生群書考索前集六十六卷後集六十五卷續集五十六卷别集二十五卷（又一部）　歸安姚氏書

《前集》缺十八之二十　五十九之六十六　《續集》缺目録　一之二　七十四册

案《異同表》：「以下二部另存重複書庫。」此爲其一。

又一部　歸安姚氏書

元刊小字重複本。破爛不完。

案《異同表》：「以下二部另存重複書庫。」此爲其一。

古今源流至論後集十卷别集十卷　歸安姚氏書

《後集》宋林駉撰，《别集》宋黄履翁撰。元刊本。

存《後集》六之十　《别集》六之十　四册

按《四庫總目》尚有《前集》、《續集》各十卷，均林駉撰。

案《異同表》：「此部另存重複書庫。」

玉海二百四卷　歸安姚氏書

宋王應麟撰。元刊本。

重六十一之六十二三卷　八十之八十二三卷係鈔補　二百册

按《四庫總目》題作《玉海》二百卷附《辭學指南》四卷。

案《異同表》：「此部即新刻書目之最末一部，重卷六十一至六十二，另存重複書庫。」

增廣事聯詩學大全三十卷　歸安姚氏書

元刊本。

存十五之三十　四册

按此書《四庫》未收，繆目無，江目有。

案《異同表》：「此部另存重複書庫。」

小説類

北窗炙輠録二卷 歸安姚氏書

宋施德操撰。姚覲元手鈔本。一册

按《四庫總目》作一卷。

案《異同表》:「以下二部提歸普通書庫。」此爲其一。

桯史十二卷 歸安姚氏書

宋岳珂撰。元刊本。有「夢鷗僊館」朱文小方印。六册

按《四庫總目》作十五卷。

案張目著録作「明繙宋本」,且謂:「案此書原目作元刊,今查是書末頁皆剝去,明人序跋亦不載,實則明刊本,而當時書賈以之欺人者。又案此書通行本皆作十五卷。」《異同表》:「此部新刻書目入雜家類,作宋刻本。」查趙目,實著録作「宋刻元明遞修本。」

歸潛志十四卷　歸安姚氏書　二册

元劉祁撰。舊鈔本。

案《異同表》:「以下四部提歸普通書庫。」此爲其一。

以上雜事

山海經圖讚十三卷　歸安姚氏書　一册

舊鈔本。有「葉樹廉印」白文、「石君」朱文聯珠兩方印,「樸學齋」朱文方印、「歸來草堂」朱文大方印、「孫氏從添」白文、「慶增氏」朱文兩方印。

按繆目入地理類,兹依《四庫總目》改列於此,而仍互見於地理類。

廣異記二十卷　歸安姚氏書　十册

唐戴孚撰。精鈔本。有「汪士鐘」白文長印。

按此書《四庫》未收。

案《異同表》:「以下四部提歸普通書庫。」此爲其一。

酉陽雜俎二十卷　歸安姚氏書

唐段成式撰。舊鈔本。朱筆校。首有「江山劉履芬彦清父收得」朱文方印。　四册

案《異同表》：「此部提歸普通書庫。」

以上瑣語

釋家類

波羅密經一卷　歸安姚氏書

梁扶南三藏曼陀羅仙譯。宋刊本。有「鬱岡精舍」白文方印、「笪」字朱文圓印、「江上外史」朱文方印、「繡衣御史章」白文方印。　一册

按繆、江目録排次此類著述先後，多與時代不符，兹均爲釐正，不復一一注明，以省繁冗。原目具在，可比類而觀也。《四庫總目》所收僅《法苑珠林》、《五燈會元》二種。又繆目未載此書譯者姓名。

案《異同表》：「此本提歸寫經組。」

景德傳燈録三十卷　歸安姚氏書

宋沙門道原編。宋刊本。有「巢鶴堂」白文小方印、「田藻珍玩」朱文方印、「上湖」朱文小長方印、「葉印時愷」白文方印、「襄虞」朱文方印。

存二之三　十之十一　二册

按繆目作四卷，兹依各家目録更正。

案《異同表》：「此不補入卷四、卷十六之十八，新刻書目作元刻本。」

翻譯名義集十四卷　歸安姚氏書

宋姑蘇景德（等）〔寺〕僧法雲編。元刊本。有「漢陽葉名澧潤臣印」白文方印。

八册

道家類

道德經講義十二卷　歸安姚氏書

題宋左街鑒義主管教門公事祐聖觀虚白齋高士吕知常撰進。明刊本。有「籛後人受之甫讀書記」朱文方印、「越谿草堂」朱文方印、「明善堂覽書畫記」白文長方印、「安樂堂藏書記」長方印。

按此書《四庫》未收。

四册

莊子注十卷 歸安姚氏書

晉郭象注。宋刊《四子纂圖互注》本。

存一之八

案趙目謂此書「刊本行欵同《荀子》」，定作「纂圖互注元刊本」。《異同表》：「此部新刻書目名《纂圖互注南華真經》，作元刻本。」

六册

又一部 歸安姚氏書

明世德堂六子本。有朱筆圈點。

案《異同表》：「以下五部提歸普通書庫。」此爲其一。

六册

參同契二卷 歸安姚氏書

魏伯陽撰。明鈔本。

二册

案《異同表》：「以下五部提歸普通書庫。」此爲其一。

周易參同契發揮三卷釋疑一卷　歸安姚氏書　六册

宋俞琰撰。明刊本。

三子口義十八卷　歸安姚氏書　四册

宋林希逸撰。明刊本。

按《四庫總目》僅收《莊子口義》十卷，《提要》云爲《三子口義》之一。

案《異同表》：「以下五部提歸普通書庫。」此爲其一。

集部

別集類

嵇康集十卷 歸安姚氏書

魏嵇康撰。明吴寬叢書堂鈔本。有「陳貞蓮書畫記」朱文界格方印。張燕昌、黄丕烈跋。　二册

陶淵明集十卷 歸安姚氏書

晉陶潛撰。明翻宋本。　四册

按《四庫》所收僅八卷，無《孝傳》及《四八目》。

案《異同表》：「此部新刻書目作明刻本。」

又一部六卷 歸安姚氏書

清陳焯手鈔本。邊上「潁川中子書」，下「湘管齋珍秘」、「無軒」。前後有跋。　二册

案《異同表》:「此部提歸普通書庫。」

分類補注李太白詩集二十五卷　歸安姚氏書

唐李白撰,宋楊齊賢集注,元蕭士贇删注。元刊本。

存目録　卷一　二　三册

按繆目作三十卷,末云存若干卷。按《四庫書目》作《分類補注李太白集》三十卷,《提要》云前二十五卷爲古賦樂府歌詩,後五卷爲雜文,則《詩集》實有二十五卷。

案《異同表》:「以下二部提歸普通書庫。」此爲其一。

杜詩千家注六卷　歸安姚氏書

元黄鶴補注,范梈批選。元刊本。字畫精朗。　五册

七家批錢注杜詩二十卷　歸安姚氏書

清錢謙益注。七家批者,顧炎武、王弘撰、潘耒、王士禛、閻若璩、杜濬、鐵保是也。長洲吴起潛録。　四册

按《四庫書目》不收，繆目收入詩文評類，兹依《四庫書目》例改列於此。

案《異同表》：「以下二部提歸普通書庫。」此爲其一。

顔魯公文集十五卷年譜一卷行狀一卷 歸安姚氏書 二册

唐顔真卿撰。咫進齋鈔本。

按《四庫》所收爲留刻本，有《補遺》、《附録》各一卷。

案《異同表》：「以下二部提歸普通書庫。」此爲其一。

顔魯公年譜一卷行狀一卷碑銘一卷本傳二卷文集補遺一卷 歸安姚氏書 二册

明活字本。

案《異同表》：「此部另存重複書庫。」

劉隨州集十一卷 歸安姚氏書 二册

唐劉長卿撰。明藍格綿紙鈔本。

案《異同表》：「此部提歸普通書庫。」

朱文公校昌黎集四十卷外集十卷遺文一卷　歸安姚氏書　二十四册
唐韓愈撰，宋王伯大編。元刊本。每半葉十三行，行二十三字。中有補鈔數葉。

又一部　歸安姚氏書　八册
元刊本。行款與上同。

又本集四十卷　歸安姚氏書　十二册
元刊本。行款與上同。
案《異同表》：「此部另存重複書庫。」

又外集十卷　歸安姚氏書　二册
明刊本。
案《異同表》：「此部提歸普通書庫。」

柳先生文集四十三卷別集二卷外集二卷　歸安姚氏書

唐柳宗元撰。舊題宋童宗説注釋，張敦頤音辨，潘緯音義。元刊本。 十六册

缺卷四十餘卷亦有缺葉。

按《四庫》所收無《别集》、《外集》。

案《異同表》：「此部補入卷四十，已全。」

又一部　歸安姚氏書

元刊本。行款與上同。無《别》、《外集》。有馮登府跋。 十二册

案《異同表》：「以下二部另存重複書庫。」此爲其一。

吕和叔文集十卷　歸安姚氏書

唐吕温撰。姚世鈺傳鈔馮氏不借本。有「吴興姚氏文房」朱文方印、「世鈺」朱文聯珠印、「陳貞蓮書畫記」朱文界格方印。董芮夫、姚世鈺跋。 四册

按《四庫》所收即此本，題作《吕衡州集》。

案《異同表》：「以下四部提歸普通書庫。」此爲其一。

皇甫持正文集六卷　歸安姚氏書　二冊

唐皇甫湜撰。舊寫明刊本。首有「讀易樓秘笈印」朱文長印。

案《異同表》：「以下四部提歸普通書庫。」此爲其一。

長江集十卷　歸安姚氏書　一冊

唐賈島撰。明刊本。有「野夫」朱文胡盧印、「九霞逸史珍玩」朱文小方印、「長洲龔氏群玉山房藏書記」印。

案《異同表》：「以下四部提歸普通書庫。」此爲其一。

又一部　歸安姚氏書　一冊

汲古閣本。據錢氏宋本校。

案《異同表》：「以下四部提歸普通書庫。」此爲其一。

又一部　歸安姚氏書　三冊

明鈔本。有「上黨馮氏私印」朱文繆篆長方印、「上黨」朱文小印、「求赤」朱文小聯珠方印、「馮班定遠」白文方印。何（燀）〔焯〕跋。

案《異同表》：「此部另存重複書庫。」

項子遷詩集一卷　歸安姚氏書

唐項斯撰。舊鈔本。有「石君」朱文胡盧印、「石君」朱文方印、「寶研堂」朱文長方印、「胥江」朱文方印。　一册

按《四庫書目》未收。

李君虞集二卷　歸安姚氏書

唐李益撰。舊鈔本。有「石君」朱文方印、「石君」朱文胡盧印、「樹蓮居士」白文大方印。葉萬跋。　一册

按《四庫書目》未收。

温庭筠詩七卷別集一卷　歸安姚氏書

唐温庭筠撰。虞山馮武鈔本。照宋刻繕寫。有「擁萬堂印」白文大方印、「馮竇伯藏書記」朱文方印、「花叢」朱方腰圓印。　一册

按《四庫書目》所收爲顧嗣立補箋本。

薛許昌詩集十卷　歸安姚氏書　一册

唐薛能撰。汲古閣本。何小山校墨筆黏簽。

按《四庫書目》未收。

三聖集一卷　歸安姚氏書　一册

唐寒山子撰，元釋梵琦和。元刊本。

按此書《四庫》未收。

案《異同表》：「此部新刻書目入元別集類。」

皮日休文藪十卷　歸安姚氏書　六册

唐皮日休撰。舊鈔本。

案《異同表》：「以下三部提歸普通書庫。」此爲其一。

唐風集三卷　歸安姚氏書

唐杜荀鶴撰。清馮武家藏南宋版鈔本。又據北宋版校。　一册

案《異同表》：「以下三部提歸普通書庫。」此爲其一。

咸平集三十卷　歸安姚氏書

宋田錫撰。舊鈔本。有「平江陳氏」、「西畇藏書」兩朱文方印、「西畇草堂」朱文大方印、「西畇草堂藏本」朱文長印、「陳嶟之印」朱文方印。　四册

張乖崖集十二卷附録一卷　歸安姚氏書

宋張詠撰。舊鈔本。有「五硯樓」朱文長印、「廷檮之印」、「袁氏又愷」朱文兩方印。　二册

小畜集三十卷　歸安姚氏書

宋王禹偁撰。舊鈔本。有朱筆校字，過録明謝肇淛跋。　十二册

案《異同表》：「以下三部提歸普通書庫。」此爲其一。

范文正公集二十卷別集四卷(又一部)　歸安姚氏書

元刊本。

存十七之二十　一册

按繆目無此本。

案《異同表》:「此部另存重複書庫。」

范文正公集附録十二種二十一卷　歸安姚氏書

元刊本。　八册

鉅鹿東觀集十卷　歸安姚氏書

宋魏野撰。舊鈔本。張紹仁以朱筆照宋本校。有「紹仁之印」朱白文、「學安」朱文兩聯珠印、「訒盦」白文方印。　一册

蘇魏公集七十二卷　歸安姚氏書

宋蘇頌撰。舊鈔本。有「蓺芸主人」朱文、「汪印士鐘」白文聯珠方印。　十二册

按繆目作七十三卷，「三」字當是「二」字之誤。

古靈先生文集二十五卷　歸安姚氏書　八册

宋陳襄撰。舊鈔本。有「海寧楊芸士藏書之印」朱文方印、「楊印文蓀」、「芸士」兩方印。

按此書繆目置於《后山詩注》之後，時代參差，兹依《四庫書目》次第更正。

傳家集八十卷　歸安姚氏書　二十四册

宋司馬光撰。明刊本。

范太史集五十五卷　歸安姚氏書　十六册

宋范祖禹撰。傳寫文瀾閣本。有「勞格」白文小長方印。

按此書與《古靈先生集》繆目均置於《后山詩注》之後，兹更正。

案《異同表》：「此部提歸普通書庫。」

居士集五十卷(又一部)　歸安姚氏書

明刊本。有「秦印致舜」、「靜虚居士」白文兩小方印,存三之二十五　五册

案《異同表》:「此部提歸普通書庫。」

后山詩注十二卷　歸安姚氏書

宋陳師道撰,任淵注。影宋鈔本。　六册

傅忠肅公文集三卷　歸安姚氏書

宋傅察撰。明鈔本。有「西河」白文長方印、「毛古愚藏」白文方印、「奕苞」白文、「葉九來」朱文兩聯珠印、「西河毛氏藏書之印」白文長印。　三册

唐眉山集二十卷　歸安姚氏書

宋唐庚撰。舊鈔本。　二册

按《四庫書目》作二十四卷。

石林居士建康集八卷　歸安姚氏書

宋葉夢得撰。舊鈔本。有「翁澍之印」、「季霖」兩白文聯珠印、「種石軒印」朱文小方印、「江山劉履芬彦清父收得」朱文方印。　四册

沈忠敏公龜谿集十二卷　歸安姚氏書

宋沈與求撰。舊鈔本。有「得樹樓藏書」朱文長方印、「櫨岐昌印」白文方印。查岐昌跋。　四册

陵陽先生詩集四卷　歸安姚氏書

宋韓駒撰。舊鈔本。有「西畇草堂」朱文方印。　二册

按《四庫書目》作《陵陽集》四卷。

北山小集四十卷　歸安姚氏書

宋程俱撰。影宋鈔大字本。極精。　十二册

案《異同表》：「此部提歸普通書庫。」

又一部　歸安姚氏書

傳寫本。姚覲元以影宋鈔本手校并鈎勒行款。　二十册

孫尚書大全集七十卷　歸安姚氏書

宋孫覿撰。舊鈔本。有「伯淵」朱文小方印。

存一之三十九　四十一之七十　二十四册

按《四庫》所收爲《鴻慶居士集》四十二卷。

内簡尺牘編注十卷　歸安姚氏書

宋孫覿撰，李祖堯編註。舊鈔本。　二册

案《異同表》：「以下四部提歸普通書庫。」此爲其一。

歐陽修撰集七卷　歸安姚氏書

宋歐陽澈撰。傳鈔本。　四册

案《異同表》：「以下四部提歸普通書庫。」此爲其一。

東萊先生詩集二十卷　歸安姚氏書　六册

宋吕本中撰。舊鈔本。有「仲魚圖像」長方印、「得此書，費辛苦，後之人，其鑒我」白文長方印、「汪印士鐘」白文、「蓺芸主人」朱文聯珠小方印。

按《四庫書目》作《東萊詩集》。

知稼翁集十二卷　歸安姚氏書　四册

宋黄公度撰。舊鈔本。

按《四庫書目》作二卷。

案《異同表》：「以下四部提歸普通書庫。」此爲其一。

東萊先生别集十六卷附録三卷　歸安姚氏書　十册

公吕祖謙撰。宋刊本。各卷均有補鈔葉數。有「藥盦珍玩宋元秘本」朱文長印。

按《四庫》所收共四十卷，此外尚有《文集》十五卷《外集》五卷《附録拾遺》一卷。

案趙目著録作「宋刊明印本」。

止齋文集五十二卷附録一卷　歸安姚氏書　十六册

宋陳傅良撰。明刊本。

按《四庫書目》作五十一卷。

雲莊劉文簡公文集二十卷　歸安姚氏書　八册

宋劉爚撰。淡生堂鈔本。

存一之十五　十七之二十

按《四庫》所收作十二卷，據《提要》，亦係淡生堂鈔本。

棣華館小集　雲莊詩集　惠菴詩稿　各一卷　歸安姚氏書　共一册

宋楊甲、劉爚、何耕撰。舊鈔本。從石門吴氏宋本録。

案《異同表》：「此部提歸普通書庫。」

誠齋文膾前集十二卷後集十二卷　歸安姚氏書

宋楊萬里撰。宋刊本。有圈點墨擲。

存《前集》一之四七之十二《後集》一　二　四　五　八之十　十二册

按《四庫存目》收《後集》十二卷。

案張目著録作「元刊本」，且謂：「案此書原作宋刊本，細閲板式字體均不類，以元刊《十七史詳節》及劉辰翁評點各書較之，款式如一，確爲元刊無疑。」趙目據之，著録作「元刻本」。

葉水心集二十九卷　歸安姚氏書

宋葉適撰。舊鈔本。　十六册

山房集八卷後稿一卷　歸安姚氏書

宋周南撰。傳鈔閣本。　二册

按以下四書繆目排次與此相反，兹依《四庫書目》更正。

案《異同表》：「以下二部提歸普通書庫。」此爲其一。

湛然居士集十四卷　歸安姚氏書

元耶律楚材撰。舊鈔本。有「汪印士鐘」白文、「民部尚書郎」朱文小方印聯珠印，「汪厚齋藏書」朱文長方印。　八册

月屋漫藁一卷　歸安姚氏書

元黄庚撰。勞氏鈔校八行本。從文瀾閣本傳録。　一册

又一部　歸安姚氏書

勞氏鈔校十二行本。據宋賓王校本傳鈔。　一册

桂隱詩集四卷　歸安姚氏書

元劉詵撰。舊鈔本。有「仲遵」白文長方印、「陳嶟私印」白文、「西畇居士」朱文聯珠小方印、「西畇草堂藏本」朱文長印。　二册

按《四庫》所收尚有《文集》四卷。

案張目改書名爲《劉文敏先生詩集》,且謂:「案此書原作《桂隱詩集》,今據書中標題改。」《異同表》:「此部新刻書目名《劉文敏先生詩集》。」

魯齋遺書八卷附録二卷　歸安姚氏書

元許衡撰。明刊本。嘉靖乙酉蕭鳴鳳刊行。紙印均佳。有「陳嶟」白文、「西畇居士」朱

文兩方印。　三册

白雲集四卷　歸安姚氏書

元許謙撰。舊寫黑格本。有「潘印顯謨」、「漪文氏」白文聯珠方印、「包子莊秘笈印」朱文長印、「高銓之印」白文、「固叟」朱文兩方印。　一册

秋澗先生大全文集一百卷（又一部）　歸安姚氏書

舊鈔本。　四十二册

中庵集十八卷　歸安姚氏書

元劉敏中撰。舊鈔本。有「容夫校定」朱文方印、「甘泉汪氏抄秘本之一」白文方印、「蕘圃手校」朱文方印。陳鱣、顧廣圻跋。

存八之十八　五册

道園學古録五十卷　歸安姚氏書

元虞集撰。明嘉靖刊本。　二十四册

黄文獻公集二十三卷(又一部)　歸安姚氏書

舊鈔本。有「西圃蔣氏手校(鈔)本」朱文長方印、「孫爾準讀書記」朱文方印。舒(魯木)(木魯)、蔣西圃跋。　六册

圭齋集十六卷　歸安姚氏書

元歐陽玄撰。明刊本。王鳴盛跋。　三册

柳待制文集二十卷　歸安姚氏書

元柳貫撰。松江謝氏鈔本。宋蔚如、謝浦泰、黄丕烈跋。　六册

按《四庫》所收尚有《附録》一卷。

雁門集八卷　歸安姚氏書

元薩都剌撰。舊鈔本。從張習刊本録出。習有後跋。有「馬曰璐」白文方印、「臣星衍」、「孫伯淵」兩白文方印。　二册

按《四庫書目》作三卷,乃汲古閣刻本。

羽庭集六卷 歸安姚氏書

元劉仁本撰。舊鈔本。有「世守陳編之家」朱文蟠龍腰圓印、「老屋三間賜書萬卷」、「歙西長塘鮑氏知不足齋藏書印」朱文兩大方印、「遺藁天留」朱文方印。 四册

鹿皮子集四卷 歸安姚氏書

元陳樵撰。舊鈔本。有「丹鉛精舍」朱文長方印、「勞格季言」朱文聯珠小方印。 二册

丁鶴年集四卷 歸安姚氏書

元丁鶴年撰。舊鈔本。有「知不足齋」朱文方印、「遺藁天留」朱文方印。 一册

按《四庫》所收祇其中《海巢集》一卷。

梧溪集七卷 歸安姚氏書

元王逢撰。舊鈔本。 三册

黄楊集六卷　歸安姚氏書　二册

元華幼武撰。淡生堂鈔本。有「淡生堂經籍記」朱文長方印、「曠翁手識」白文方印、「山陰祁氏藏書之章」白文大方印。

按《四庫存目》作三卷，《補遺》一卷。

南湖集六卷　歸安姚氏書　一册

元貢性之撰。舊鈔本。

潛溪集八卷　歸安姚氏書　四册

明宋濂撰。明嘉靖翻元刊本。高節跋。

按此本《四庫》未收。

劉文成公詩鈔一卷　歸安姚氏書　一册

明劉基撰。舊鈔本。藍格本。分體鈔，有評點。

案《異同表》：「此部提歸普通書庫。」

鳧藻集五卷　歸安姚氏書

明高啟撰。舊鈔本。　二册

案《異同表》：「此部提歸普通書庫。」

海叟集四卷　歸安姚氏書

明袁凱撰。裘杼樓鈔本。　一册

按《四庫書目》尚有《集外詩》一卷。

花溪集不分卷　歸安姚氏書

明沈夢麟撰。陸珩編。舊鈔本。　一册

案《異同表》：「此部新刻書目入元別集類。」

巖居藁八卷　歸安姚氏書

明華察撰。明刊本。有「慶曾」朱文小印、「紅豆齋收藏」白文長印、「漁洋池北書庫收藏」朱文方印。漁洋山人跋。　一册

何翰林集二十八卷　歸安姚氏書　六册

明何良俊撰。明刊本。

按《四庫存目》所收僅二十二卷,《千頃堂書目》有良俊《柘湖集》二十八卷,蓋即此本。

確庵文藁不分卷　歸安姚氏書　四册

清陳瑚撰。舊鈔密行小字本。葉裕仁校跋。

案《異同表》:「此部提歸善本乙庫。」

陸鐵莊文集不分卷　歸安姚氏書　四册

清陸楣撰。稿本。

案《異同表》:「以下二部提歸普通書庫。」此爲其一。

臧拜經手藁不分卷　歸安姚氏書　二十册

清臧庸撰。凡拜經叢稿、日記、文集均在内,並有未刻逸文。

案《異同表》：「以下二部提歸善本乙庫。」此爲其一。

總集類

六臣注文選六十卷（又一部）歸安姚氏書　三十一册

明袁褧刊本。紙極精。

案《異同表》：「此部新刻書目作明嘉靖刻本。」

增補六臣注文選六十卷（又一部）歸安姚氏書

元刊本。

存一之十四　十七之六十　三十册

按繆目作明繙本。

案張目著録作「明刊本」，且謂：「案此書首行題『六臣注文選』，銜名内無『陳仁子校補』一行，惟前載《諸儒議論》一卷，係陳仁子輯，當係據陳本重刻者。原作元刊本，今改正。」《異同表》：「此部新刻書目作明刻本，即『存五十八卷』之一部。」

李善注文選六十卷　歸安姚氏書　四十九册

元張伯顔重刊本。有「汪士鐘字春霆號朖園書畫印」白文長方印。

存十一之六十

案《異同表》：「此部新刻書目作元刻明印本，即『存五十卷』之一部。」

聲畫集八卷　歸安姚氏書　二册

宋孫紹遠編。舊鈔本。

案《異同表》：「此部提歸普通書庫。」

三蘇文粹七十卷　歸安姚氏書　十册

不著編輯者名氏。明刊小字本。

按此書《四庫》存目。

東萊集注類編觀瀾文集七十卷　歸安姚氏書　六册

舊題宋林之奇編。元刊本。

按繆目無此書，江目有之，《四庫書目》未收。

案張目將此書歸普通書庫，且謂：「案總集類夏目尚有元刊《觀瀾集》、汲古閣刻《郭樂府》兩種，查《觀瀾集》係清方氏翻刻本，《郭樂府》亦甚多見，今皆歸普通皮藏。」《異同表》：「以下二部提歸普通書庫。」此爲其一。

格齋四六南塘四六梅亭四六三種 歸安姚氏書

宋王子俊、趙汝談、李劉撰。宋刊本。有「海虞毛表奏叔圖書記」朱文方印、「汲古閣圖書記」朱文長方印、「叔鄭後裔」白文方印、「乾學」朱文、「徐健菴」白文聯珠方印。 六册

樂府詩集一百卷 歸安姚氏書

宋郭茂倩編。明汲古閣本。

按繆目不載此書，江目補入。

案張目將此書歸普通書庫，且謂：「案總集類夏目尚有元刊《觀瀾集》、汲古閣刻《郭樂府》兩種，查《觀瀾集》係清方氏翻刻本，《郭樂府》亦甚多見，今皆歸普通皮藏。」《異同表》：「以下二部提歸普通書庫。」此爲其一。

宋文鑑一百五十卷（又一部）　歸安姚氏書　六十四册

明刊本。有「黎陽」白文小長印、「夢鷗仙館」朱文小方印。

東萊先生古文關鍵二卷　歸安姚氏書　二册

宋吕祖謙撰。明刊本。

按以下二書繆目均收入詩文評類，兹依《四庫書目》更正。

案《異同表》：「以下二部提歸普通書庫。」此爲其一。

崇古文訣三十五卷　歸安姚氏書　八册

宋樓昉撰。宋刊本。楮墨精緻。

存一之十七

案張目定此本爲「明刊本」，且謂：「案此書原作『宋刊本，楮墨精緻』，細閱板式字體，均與宋槧不類，楮墨亦未見精良之點。皕宋樓所藏宋刊本係二十卷，此乃三十五卷，且旁有標抹註釋，殆即鐵琴銅劍樓所謂明刊者是也。」趙目著録作「明刻本」。

文章正宗二十四卷　歸安姚氏書

宋真德秀撰。宋刊本。有「古吴蔣氏收藏印」白文方印。　二十四册

案張目著録作「宋刊明補本」。《異同表》：「以下二部另存重複書庫。」此爲其一。

吴都文粹十卷　歸安姚氏書

宋鄭虎臣編。舊鈔本。　五册

案《異同表》：「以下四部提歸普通書庫。」此爲其一。

九僧詩一卷　歸安姚氏書

不著撰人名氏。舊鈔本。有「席鑑之印」朱白文小方印、「席氏玉照」朱文方印。　一册

按此下二書《四庫》未收。

案《異同表》：「以下四部提歸普通書庫。」此爲其一。

西漢文鑑二十一卷東漢文鑑二十卷　歸安姚氏書

宋陳鑑編。明慎獨齋刊本。　二十册

西漢文鑑二十一卷　歸安姚氏書　十五册

宋刊本箱本。

存二之四六之十七

按此書《四庫》未收。

案張目著録作「明刊巾箱本」。《異同表》：「以下四部提歸普通書庫。」此爲其一。

中州集十卷樂府一卷　歸安姚氏書　六册

金元好問編。舊鈔本。

玉山名勝集不分卷　歸安姚氏書　四册

元顧瑛編。舊鈔本。

按《四庫書目》作八卷，又《外集》一卷。

選詩補注八卷補遺二卷續編四卷　歸安姚氏書　十二册

元劉履撰。明刊本。

按《四庫書目》有《風雅翼》十四卷，即此書。

唐律多師集十二卷　歸安姚氏書

不著編輯者名氏。舊鈔本。　六册

按此下二書《四庫》未收。

東觀選要不分卷　歸安姚氏書

清石廷佐撰。舊鈔本。卷端自序有「新令廢八股」云云，疑是康熙間人。　六册

案《異同表》：「此部提歸普通書庫。」

詩文評類

詩話總龜前集五十卷後集五十卷　歸安姚氏書

宋阮閲撰。舊鈔本。　八册

詞曲類

東坡樂府二卷　歸安姚氏書

宋蘇軾撰。影宋本。

存下卷　一册

稼軒長短句十二卷　歸安姚氏書

宋辛棄疾撰。小草齋影寫大德乙亥廣信書院本。絶精。有「晉安謝氏家藏圖書」朱文大長方印、「東吴毛氏圖書」朱文長印、「西河季子之印」朱文方印、「平江貝氏文苑」朱文長印、「簡香曾讀」白文長印。　四册

滄江虹月詞一卷　歸安姚氏書

清汪初撰。稿本。沈星(焯)〔煒〕題辭。

續補

以下十條爲夏曾佑《京師圖書館善本簡明書目》未載、張宗祥《京師圖書館善本書目》增補歸安姚氏藏書。

論語類考不分卷 二册

明陳士元撰

舊鈔本。半頁十行，行二十三字。首頁有「賜書樓」朱文長方印、「駉」白文圓印、「王駉之印」白文方印、「吴興姚伯子覲元鑑藏書畫圖籍之印」朱文長方印。末頁缺。

案此書各家著録皆爲二十卷，今有「天象」等考二十編，並不分卷。

案此條史目著録作歸安姚氏藏書。

説文解字十五卷 八册

刊本同前。録桂氏校語。

案此條史目著録作歸安姚氏藏書。

班馬字類五卷　五册

宋婁機撰

明刊本。板心廣九寸，高六寸六分。小黑口。四周單邊。板口前半行最上近欄處標字數，第一魚尾下標「字類幾」，再下標頁數。卷首載樓鑰序。半頁六行，小字雙行十九字，每大字約當直行二小字。

案此條史目著録作歸安姚氏藏書。

斆學淵源録二十七卷　八册

清楊慶徵輯

舊鈔本。半頁九行，行二十字。

案此條史目著録作歸安姚氏藏書。

隸韻十二卷　十二册

宋（洪适）〔劉球〕撰

清嘉慶乙卯刊本。姚覲元手校宋本，有跋。

己丑正月，用天一閣宋拓殘帖六卷對勘一過。六卷者，表目、卷三、卷四、卷六、卷九、卷十也。凡字之存逸，悉著于篇，其斷爛殘闕，亦肖其形，㠯絳豪鉤出，俾讀者有所攷焉。〔起〕二十五日，訖二月朔，凡七日而畢。一瓢居士。

復藏《隸韻》十卷，獨缺碑目一册，刻本即〔從此〕册摹出上板，惜少表文半篇及碑目半册，未知海内藏弆家得有全帖否。嘉慶壬申正月五日，秦恩復識。

敦夫太史所藏，乃餘清齋之故物，董文敏有跋語，惜缺表一首。老友趙晉齋云天一閣藏本有表文半篇，今爲雲臺先生所得，碑目亦殘缺不全。藩曾補完之，敦夫刻本碑目下半册，即藩所輯也。嘉慶庚辰如月二十一日，江藩識。

宋拓石本裝册，每半頁五行，字體大小行款與此悉同。此蓋影寫上板者，特宋本無邊闌界格耳。

此宋搨《隸韻》，舊人罕見之。其所摹各碑，以今存者較之，無一筆差謬，然則碑之亡者，皆可依據，勝于展轉以意全之矣。元家藏此半部共七册，合之江都秦氏所藏半部，竟成全璧。兩淮鹽使阿厚庵鐫于木板，世人始共寶之矣。阮元。

敦夫先生所藏《隸韻》半部，道光丙申燬於火，求廬山真面者惟此區區耳。咸豐元年正月，滬上徐渭仁記。

秦氏殘本今在程蘭川通判，辛亥六月親見之。丙申之説，人言不足信如此。癸丑之春，蘭川時在北捕通判任，金陵失事之後，至今不通音問，其所攜宋拓碑刻能無遇劫火否。余藏此本，困圍城者半年餘矣。身命如夢泡，安能保此。若我兩家藏本俱遭兵（變）〔燹〕，則人間無片紙隻字，幸有〔阿〕厚庵之轉刻，使古人精靈不至絶滅也。咸豐四年二月二十一日，滬上徐渭仁，時年六十七。

案此條史目著録作歸安姚氏藏書。

唐朝名畫録一卷

唐朱景（允）〔玄〕撰

五代名畫補遺一卷

宋劉道醇撰

聖朝名畫評三卷

宋劉道醇撰

畫繼十卷　四册

宋鄧椿撰

以上四書彙刻爲一。

明繙宋本。版心寬九寸，高六寸三分。左右雙綫。白口。第一魚尾下標「畫録」、「畫補遺」、「畫評綫」、「畫繼綫」等字，下標頁數。半頁十一行，行二十字。宋諱亦有減筆者。舊爲歸安姚氏藏書。

李忠定公集鈔二卷　二册

宋李綱撰

日本刻本。白口。左右雙邊。半頁九行，行二十字。

案此條史目著録作歸安姚氏藏書。

歸安姚氏咫進齋鈔本知見目録

經部

尚書隸古定釋文八卷　清李遇孫撰　清歸安姚氏咫進齋鈔本　上海圖書館

韓詩遺説二卷訂譌一卷補一卷　清臧庸撰　清陶方琦輯補　清歸安姚氏咫進齋鈔本　中山大學圖書館

韓詩遺説補一卷　清陶方琦撰　清歸安姚氏咫進齋鈔本　浙江圖書館

説文解字籤注一卷　清桂馥撰　清歸安姚氏咫進齋鈔本（清孟廣均跋）　浙江圖書館

説文段氏註匡繆不分卷　清張承慶撰　清歸安姚氏咫進齋鈔本　臺灣「國立中央圖書館」

説文引經考不分卷　清程際盛撰　清歸安姚氏咫進齋鈔本　北京師範大學圖書館

咫進齋鈔本程東治《説文引經考》

吾吴程東冶先生琰，著有《説文引經考》，所引《易》、《書》、《逸周書》、《詩》、《周禮》、《儀禮》、《禮記》、《左傳》、《公羊》、《孝經》、《論》、《孟》、《爾雅》諸經，依許書部次，而考訂其異同得失。其所援引，多本吾吴惠氏家説，絶無依附穿鑿之弊。同時有吴氏玉搢、陳氏瑑，俱爲斯業，互有短長。吴、陳二書流傳綦廣，獨程氏此編傳本最稀。余蹤跡數載，不獲其書。丙子冬，賈人攜此一帙求售，蓋姚氏咫進齋傳鈔本也。審所繕録行款，與《叢書》本合，意當取付梓而未逮者，或知其書已經剞劂，遂輟勿爲。余重其爲鄉賢遺著，不肯釋手，賈人知予意在必得，益懸值不少讓，議再三，斥二十金克諧，遂珍諸篋笥，視爲秘本。越數月，友人王君過余，談及其書，王君謂藏有刊本，願割讓俾成雙璧，予復以重值得之。念數歲求而未獲之本，一旦兩本同歸予架，造化弄人，誠非意所思矣。嘗欲并取吴、陳之業，參訂異同，彙爲一帙，俾讀經者因是以求許書，庶不爲宋元曲説所惑耳。戊寅十月二十五日。（潘景鄭《著硯樓讀書記》）

説文新附考六卷續考一卷　清鈕樹玉撰　清歸安姚氏咫進齋鈔本（葉德輝、文素松跋）　上海圖書館

古四聲等子韻一卷　題元劉鑑撰　清歸安姚氏咫進齋鈔本　浙江圖書館

史部

理堂日記一卷（清嘉慶元年） 清焦循撰　清歸安姚氏咫進齋鈔本　中國國家圖書館

（弘治）湖州府志二十四卷　明王珣撰　清歸安姚氏咫進齋鈔本　上海圖書館

上海圖書館藏清姚氏咫進齋鈔本，存卷一至卷十三、卷十八至卷二十二，共十八卷。題「長洲陳頎編輯，郡人張淵重編，郡人汪翁儀、唐應徵、陳遠重修」。半葉十二行，行二十二字，上黑口，版心下印「咫進齋鈔本歸安姚氏藏」兩行十字。前有成化十一年彭華序，成化十一年勞鉞序，凡例，目録、境圖。鈐有「餘姚謝氏永耀樓藏書」印記。記事至弘治三年，分禮、樂、射、御、書、數六集。即《提要》所稱王珣屬郡人汪翁儀、唐應徵、陳遠等增輯者。《存目叢書》據以影印。（杜澤遜《四庫存目標註》）

中興館閣續録十卷　宋□□撰　清歸安姚氏咫進齋鈔本（存卷一至六）　上海圖書館

千頃堂書目三十二卷　清黄虞稷撰　清歸安姚氏咫進齋鈔本　中國國家圖書館

江蘇採輯遺書目録四卷　清黄烈編　清歸安姚氏咫進齋鈔本　中國國家圖書館

也是園藏書目十卷　清錢曾藏並撰　清歸安姚氏咫進齋鈔本　中國國家圖書館

藝芸書舍宋元本書目二卷　清汪士鐘藏並撰　清歸安姚氏咫進齋鈔本　上海師範大學圖書館

拜經樓藏書題跋記五卷　清吴壽暘輯　清光緒七年歸安姚氏晉石厂鈔本　中國國家圖書館

曝書雜記三卷　清錢泰吉撰　清光緒七年歸安姚氏晉石厂鈔本（清姚慰祖校）　中國國家圖書館

虎邱金石目一卷　清歸安姚氏咫進齋鈔本　中山大學圖書館

涪州石魚文字所見録一卷　清姚覲元、錢保塘撰　清光緒歸安姚氏咫進齋鈔本（佚名校）　中國國家圖書館

金石稱例四卷　清梁延楠纂　清歸安姚氏咫進齋鈔本　南京大學圖書館

鳳墅殘帖釋文　清歸安姚氏咫進齋鈔本　潘景鄭舊藏

咫進齋鈔本《鳳墅殘帖釋文》

宋曾宏父刻《鳳墅帖》二十卷《續帖》二十卷，因自稱鳳墅逸客。及撰《石刻鋪叙》，以是帖殿其末，流傳數百年，世無完本。錢竹汀先生得其十三、十四兩卷，爲作《釋文》，詫爲鴻寶。後葉東卿復得前帖卷三、五、十五、十六、十七、十八，續帖卷十、十一，都八卷，廣徵題釋，以誌盛事。歸安姚晏、姚衡昆弟，假其本録爲《釋文》，藏諸篋衍，其後人覯元以所藏先人《釋文》藁本付諸手民，今所傳《咫進齋叢書》本是也。刊甫竣，而復得其帖於京師，於是盡録諸家跋語，續刊於《釋文》之末，又附錢釋於後。此咫進齋鈔本一册，即授梓時所寫，眉端行間校改頗多，其行款排比亦經更定，審是姚氏覯元手筆，此底本蓋從其後人流出者。今《鳳墅》殘帖，不知轉徙何所，賴兹《釋文》以垂不朽，則區區底本猶其鼻祖矣。戊寅十一月十三日。（潘景鄭《著硯齋讀書記》）

彙刻歷代史志凡例一卷　清姚氏咫進齋鈔本（王修跋）　浙江圖書館

子部

北窗炙輠二卷　宋施德操撰　清歸安姚氏咫進齋鈔本　中國國家圖書館

大唐類要一百六十卷　唐虞世南輯　清歸安姚氏咫進齋鈔本（存一百十五卷：卷十八至三十六、五十至五十六、七十二至一百六十）　中國國家圖書館

佛爾雅八卷　清周春撰　清歸安姚氏咫進齋鈔本　中國國家圖書館

集部

顔魯公文集十五卷年譜一卷補遺一卷　唐顔真卿撰　清歸安姚氏咫進齋鈔本　中國國家圖書館

清江碧嶂集一卷　元杜本撰　明程嗣祖編　清歸安姚氏咫進齋鈔本　中山大學圖書館

清閩齋詩存三卷　清周鼎樞撰　清歸安姚氏咫進齋鈔本　重慶市圖書館

案：《清閩齋詩存》三卷，刻入《咫進齋叢書》。

積書巖宋詩選一卷　清顧貞觀輯　清歸安姚氏咫進齋鈔本　南京圖書館

滄江虹月詞　清汪初撰　清歸安姚覲元咫進齋鈔本　中國國家圖書館

叢部

咫進齋叢鈔　清姚覲元編　清姚氏咫進齋鈔本　中山大學圖書館

蔣子萬機論一卷　魏蔣濟撰　清嚴可均輯

桓氏世要論一卷　魏桓範撰　清嚴可均輯

劉氏政論一卷　魏劉廙撰　清嚴可均輯

典語一卷　吴陸深撰　清嚴可均輯

杜氏篤論一卷　魏杜恕撰　清嚴可均輯

按：是鈔藏中山大學圖書館。嚴氏之輯佚稿凡十種，今藏上海圖書館，本目一一五六號已著録，是編所列之五種，均係據其鈔録。（《中國叢書廣録》）

丙戌冬㞢進齋購蔡氏書目

整理説明

《丙戌冬愳進齋購蔡氏書目》，見於中國國家圖書館藏鈔本《深雪偶談》書末所附，未詳何氏所録，著録書目五十九條，乃清光緒十二年（一八八六）姚氏所購金匱蔡氏醉經軒藏書，爲蔡廷相、蔡廷楨昆仲舊藏。原本天頭批曰「凡經主人出以共賞者，以〇别之」，圈出者共計影宋抄《説文解字通釋》、校本影抄《增修復古編》、明抄黑格本《玄珠密語》、景宋抄《九僧詩》、宋板《黄山谷大全集》、影元抄《金臺集》、舊抄《會天曆》、宋刻殘本《劍南詩稿》、錢罄室手抄《遊志續編》、元板《文選》、元板五臣注茶陵本《文選》、宋板《文選》、大字本《文選》十三種，則知此目當係據姚氏購書原目所鈔，非盡出目驗所記。目中所載，頗多精本，其中出黄丕烈舊藏者多達十四種，實爲愳進齋藏書中上駟。今據鈔本整理，以供稽考。

丙戌冬卲進齋購蔡氏書目

鈔本尚書要義二十卷　十二册。

明板春秋經傳集解三十卷　類谷主人校。前有「乾隆己亥四月三日類谷主人洛校正《春秋經傳集解》」，後有「乾隆己亥小春日類谷主人校訖，時年六十有九」硃筆字二行。八册。

舊鈔本爾雅新義二十卷　錢儀吉借陳蓮夫本校録。前有錢儀吉跋，後有嘉定陳詩庭跋。六册。

汲古閣初印未刓本説文解字三十卷　黄氏小蓬萊館舊藏。有「小蓬萊閣珍藏」朱文印。四册。

影宋抄説文解字通釋殘本十一卷　存叙目一卷，卷三十至卷四十卷。拜經樓藏書，有「拜經樓吴氏藏書記」朱文印、「宋葆淳」白文印。二册。

校本影抄增修復古編上下二卷　拜經樓藏書。有「吴兔牀書籍印」白文印、「錫山龍亭華氏珍藏」白文印、

「世濟美堂項氏圖籍」朱文印、「汲古閣」朱文印，前後有吴兔牀跋。二册。

舊鈔紺珠集十三卷 四册。

宋板釋名八卷 有「孫伯淵」白文印，叙後有「臨安府棚陳道人書鋪刊行」六十字。一册。

元板埤雅二十卷 有「永言氏」朱文印、「馬穀印」白文印。三册。

明板韓詩外傳十卷 叙後有「吴郡沈辨之野竹齋校彫」木記。八册。

臨臧在東校群經音辨 校毛氏影宋本，又借段校勘。一册。

批點誠齋先生文膾前集十二卷 闕五、六兩卷。**後集十二卷** 闕三、六、七、十一、十二，共五卷。有「朱子瞻印」白文、「汪士鐘印」白文、「閬源真賞」朱文印。二册。

鈔本遼史拾遺二十四卷拾遺續三卷 十册。知不足齋鈔本。

元板困學紀聞二十卷 末有「慶元路儒學學正胡禾監刊」。六册。

舊抄校本青山集三十卷　汪士鐘藏本。每本首有白文長印。六册。

明刻本孔聖家語圖十一卷　二册。

顧澗薲批周易本義兩册　卷首有「山雲發幕夜月爲鉤」朱文長印。《筮儀》後有跋。

秦刻揚子法言十二卷　海寧楊芸士舊藏。書面及卷首有「海寧楊芸士藏書」白文方印。卷一至四校元本。二册。

宋板黄豫章文集九卷　闕首卷。汪士鐘藏本，每卷首有「汪士鐘」白文長印。二函。

宋板黄豫章外集六卷　毛子晉、黄蕘圃、汪士鐘舊藏。卷首有「虞山毛晉」朱文方印、「字子晉」白文方印，「汪士鐘藏」白文長印，「汪振勳印」白文、「楳伯」朱文連珠印。每册首均有汪氏二印，後有蕘圃跋。後附殘頁一篇，有「紹興四年□□二十日山房李彫謹書」殘字，尾鈐「毛氏藏書子孫永寶」朱文長方印、「汲古閣」朱文方印。蕘圃跋。一函。

明抄黑格本玄珠密語　黄蕘圃舊藏。末有黄蕘圃四跋。弟一册卷首有「士禮居」白文方印、「蕘夫」朱文小印，「廷相」白文、「伯卿」朱文兩方印，末有「吴中汪六」白文方印、「駿昌」白文方印、「雅庭」朱文方印、「金匱蔡廷楨藏」

朱文方印。弟二册卷首有「古杭瑞南高士深藏書記」朱文長印、「曾藏汪閬源家」朱文長印、「廷相」「伯卿甫」二印，末同上。弟三册有「古杭瑞南高士深藏書記」朱文長印、「武林高深甫妙賞樓藏書」朱文長印，「曾藏汪閬源家」朱文印，「廷相」「伯卿甫」兩印，末同上。弟四册同弟三，無「妙賞」一印。

景宋抄后山詩註十二卷　卷首有「汪士鐘」白文方印、「閬源甫」朱文方印、「金匱蔡氏醉經軒攷藏章」朱文長印，「廷相」、「伯卿甫」兩印，末有「蔡廷楨」白文、「卓如」朱文兩方印。第二册卷首有「濟陽蔡氏」朱文方印，汪士鐘、廷相同上，末同上。第三、四、五、六册同第二，六册末多「金匱蔡氏醉經軒攷藏章」一印。六册一匣。

景宋抄九僧詩　毛斧季手抄。首有「毛氏子晉」朱文、「汲古閣」朱文兩方印，「毛扆之印」、「斧季」兩朱文方印，「宋本」朱文印，「席之珍」朱文印，「席鑑之印」白文、「席氏玉照」朱文兩方印。末有「毛氏鳳苞」朱文方印，「子晉秘笈」朱文方印，「莪山珍本」朱文方印，「静爲躁君」白文方印、「毛氏子晉」朱文方印、「汲古得修綆」朱文方印、「毛氏汲古閣藏書記」朱文方印，「惠棟之印」白文方印、「定宇」朱文方印。一册。後有毛斧季跋。

宋板黄山谷大全集六册　汪士鐘藏本。卷首有「汪士鐘藏」白文長印。六册一函。

舊抄戰國策三十三卷　汲古閣藏本。每本首有「汲古主人」朱文、「毛晉之印」朱文、「毛氏子晉」朱文三方印，「毛扆之印」朱文、「斧季」朱文兩印。八册一匣。

影元抄金臺集二卷 汲古閣藏本。首有「毛晉之印」、「毛氏子晉」朱文兩方印，「元本」朱文印，「甲」字印，「汪士鐘印」白文方印、「三十六峰園主」朱文方印，「憲奎」白文、「浦」朱文連印，「平陽汪氏藏書章」朱文長印、末有「平陽汪氏藏書印」朱文長印、「毛晉之印」、「毛氏子晉」朱文兩方印。一册一匣。

明影元抄長慶集六十卷 卷首有「曾藏汪閬源家」朱文長印，首頁爲東吴蒙叟跋，起首「蒙叟」朱文長印，末有「□□後人」朱文、「忠孝之家」白文兩方印，卷末有楊循吉借抄題字六行。八册一匣。

舊抄會天曆 首頁有「璜川吴氏攷藏圖書」朱文方印，末有秀水朱彝尊跋，並「竹垞」朱文圓印、「朱彝尊」白文方印、「錫鬯」朱文方印。一册一匣。

元板道園學古録五十卷 序首有「劉氏家藏」白文印，「拜經樓吴氏藏書」朱文印，目録下「紅葉山房攷藏私印」朱文印，末有「紅葉山房攷藏私印」。首葉爲吴兔牀跋。廿四册二匣。

舊抄道園遺藁六卷 卷首有「蔡廷相」白文長印，目録下有「紅葉山房收藏私印」白文長方印，「廷相」、「伯卿甫」兩印。卷一下有「拜經樓」朱文方印。二册首有「廷相」、「伯卿甫」印。四册一匣。

宋刻殘本劍南詩稿十八卷 黄蕘圃舊藏。八卷本首册有「華亭朱氏」白文方印，「徐子容印」白文方印、「天鏡」

白文方印,「汪士鐘印」白文、「閬源」朱文兩印。末有「横經閣收藏圖籍」朱文長方印,「徐子容印」白文方印。二册首頁同,末無印。三册首「汪士鐘」、「閬源真賞」印,末同首册。四册同首册。五册同首册。六册有「汪士鐘印」、「閬源真賞」印,末有黄蕘圃跋二段。十卷本一至十册每册均有「汪士鐘印」、「閬源」印。十六册三匣。

錢磬室手抄遊志續編

趙凡夫、黄蕘圃、汪閬源舊藏。趙凡夫題籤。卷首有「錢府之印」白文方印,「中吴錢氏收藏印」朱文長方印,「黄丕烈印」白文、「蕘圃」朱文兩方印,「平陽汪氏」朱文方印。目録下有「錢穀手抄」朱文長方印、「中吴錢氏收藏印」朱文長方印,「汪士鐘」白文、「三十六峰園主」朱文兩方印。序文前後有「錢穀手抄」朱文兩長方印,序目後有「關内侯」白文方印。首册卷首有「縈木軒」、「錢氏叔寶」白文兩方印,册尾有「馮虎」白文方印、「關内侯」白文方印。次册卷首有「黄丕烈」白文、「蕘圃」朱文、「讀未見書齋」朱文三方印,「汪士鐘字春霆號閬源書畫印」白文長印,末有「錢氏叔寶」白文方印。尾頁有「允治」朱文連珠印,黄蕘圃跋二段。

舊抄楊太后宫詞 一册

册首有「毛鳳苞印」、「子晉氏」朱白文兩方印,「惠棟之印」白文,「字曰定宇」朱文兩方印,「黄丕烈」白文、「復翁」白文、「求古居」朱文三方印。首頁有「康生」朱文方印、「水雲」朱文連珠印,「□賞」白文長印、「耦耕堂印」白文方印、「樸玉齋」朱文方印、「錢允治永昌」白文方印,「孫仲添印」白文、「慶徵氏」朱文兩方印,「士鐘」白文、「朗源甫」朱文兩方印,末有「毛晉之印」朱文、「子晉」白文兩方印,「功甫」朱文、「秘玩之印」朱文、「樸學齋」朱文三方印,「百宋一廛清賞」白文方印、「汪士鐘藏」白文長印,末頁有「晉子晉」、「湖南小隱」朱白文兩方印。

有黃蕘圃跋。一匣。黃跋上有「江夏」朱文方印，末有「蕘言」白文方印。

明精鈔本賈浪仙長江集十卷 柳大中家藏本。卷首末有「上黨馮氏私印」朱文、「上黨」朱文，卷首有「宋本」朱文、「臨山人校閲」白文、「忠孝之家」朱文，卷四有「竹林中人」白文，卷十有「沈霽」朱文、「載陽」白文，卷七有「維揚保障河邊柳下讀一過，彪」字二行，卷末有「陶世濟崇禎乙亥歲五月觀」、「丁亥冬岷山人借抄」、「崇禎甲申五月柳大中家宋本重録重裝」，康熙癸巳何義門跋。三册。

舊鈔本册府元龜殘本共存五十六卷裝十四册 汪氏藏本，有「汪士鐘」白文印。

舊影宋抄宋詩小集十四種 謙牧堂藏本。有「謙牧堂藏書記」白文印、「禮邸珍藏」朱文印。四册。

士禮居影抄元人詩集殘本十一種 汪氏藏本。末楇外有「士禮居影抄香嚴書屋藏殘元刻本」字一行。舊藏各印均係影摹。四册。

舊抄蒲陽二鄭先生六經雅言圖辨校本八卷 卷首有「西簃」朱文印，末有「兔牀」、「漫叟」朱白連印。吴兔牀跋。六册。

影抄皇朝編年備要三十卷　海棠巢藏本。首有「孫爾準印」朱文，後有錢大昕跋。十二册。

精抄李上交近事會元五卷　士禮居藏本。首有「蓉鏡珍藏印」，「蓉鏡」、「清河」連印朱文，「錢大昕觀」印。前蕘圃録《敏求記》一則，後字跋三則。首有張氏書舊裝書面一頁。二册。

影宋抄北山小集四十卷　兩函二十册。

元板賈長沙集十卷　汪氏藏本。有「汪士鐘藏」白文印。四册。

元板書學彙編十卷　汪氏藏本。首有「真適齋藏」白文印、「物外奇［寶］」朱文印、「汪士鐘字春霆號朗源書畫記」白文印，「汪印振動」、「楳泉」朱文連印。四册。

元板吕氏春秋二十六卷　周氏九松藏本。前有「毘陵周氏九松迂叟藏書記」、「周印良金」朱文印。十二册。

舊抄稼軒集十二卷　平江謝氏藏本。首有「西河季子之印」、「東吴毛氏圖書」朱文、「簡香藏書」白文、「有濬居藏」朱文，「晉安家藏」、「謝氏圖書」朱文連印，末有「貝墉印」白文、「簡齋」朱文印。四册。

精抄廣異記二十卷　汪氏藏本。首有汪士鐘藏印。十册一函。

舊影抄校本僞齊録二卷　鮑氏藏本。前有「老屋三間賜書萬卷」、「歙西長塘鮑氏知不足齋藏書」朱文印，後有程慶餘跋。一册。

舊鈔本藍山詩集五卷　汪氏藏本。前有「曾藏汪閬源家」印。藍仁，字靜之，崇安人，生洪武時。

格齋先生三松集　格齋三本，南塘二本，梅亭一本。汲古閣藏本。有「虞山毛氏汲古閣收藏印」。六册。

明抄虎鈐經二十卷

明抄皇朝大事記九卷附録一卷

明抄中興大事記四卷附録一卷　有「汪士鐘」白文印、「藝芸主人」朱文印、「慕齋鑒定」朱文印、「宛平王氏家藏」白文印、「士禮居藏」朱文印、「愛日精廬藏書」朱文印、「燕越胡〔茨〕邨氏藏書印」白文印、「黄虞稷印」白文印、「園客」朱文印、「秘册」朱文印、「平陽汪氏」朱文印。有黄虞稷題跋。十册。

明板書叙指南十二卷　有「平原」朱文印、「錢氏叔寶」白文印、「〔古〕〔句〕吴逸民」朱文印、「叔美借觀」白文印、

「清河〔内史〕後人家藏」白文印、「中吴錢氏收藏印」朱文印、「懸磬堂」朱文印、「榮木軒」白文印。有黄蕘圃跋。二册。

元板增刊校正王狀元集註分類東坡詩廿五卷年譜一卷　闕四、五、六、八、十四、十五、廿一，共六卷。汪氏藏本。有「汪士鐘印」白文印、「閬源真賞」朱文印。二十册。

元板説苑二十卷　八册。前五卷影抄。

元板文選六十卷　闕目録並前十卷。汪氏藏本，有「汪士鐘字春霆號朗園書畫印」白文。存四十九册。

元板五臣注茶陵本文選殘本三十卷　闕十五、十六兩卷。存三十册。

宋板文選殘本　存三、四、五、八、九、十，共六卷。有「靜婁觀」朱文印。七册。

大字本文選殘本　存卷二、三、十二、十三、卷十七至十九、卷廿三、廿六至廿九、三十一至三十三、三十五、卅八至四十二、四十六、五十、五十三至五十六、五十八至六十，共存廿九卷一，現存叙目一卷。有「子源」白文、「羅氏藏書之印」朱文。

書名索引

D

E

H

J

K

L

M

N

O

P

Q

S

T

Z